歲月留痕

許忠全的藝術人生

許忠全◎著

目 录

前言

序

家庭 / 1

童年 / 8

青少年 / 12

艺术之路 / 18

教学经历 / 25

学习和工作期间演出的话剧 / 27

拍过的电影 / 46

拍过的电视剧 / 94

影视剧表演创作体会 / 120

    影视拍摄的非连续性 / 123

    影视艺术是"遗憾的艺术" / 123

    借视线表演 / 124

    导演·演员 / 124

    演员·人物形象 / 126

    演员要适应不同景别的拍摄 / 127

导演是"中心"，演员是"元素" / 129

话剧艺术是演员的艺术 / 130

话剧是舞台艺术 / 135

由话剧舞台表演进入镜头前表演 / 136

表演艺术中的"五真" / 141

角色语言与话筒前配音 / 144

参加小品演出 / 148

担任节目主持人 / 150

影视配音 / 151

配音小花絮 — 他是谁？ / 152

业余表演培训班教学 / 153

表演教材《演员创造角色》摘要 / 158

师友 / 195

电影《金光大道》《车水马龙》《邻居》演员的角色分析
/ 234

我眼中的父亲——许颖 / 256

后记 / 265

前 言

　　我觉得自己的一生过得紧绷绷的，好像总有做不完的事。人生的路站一个个瞬间飞驰而过，这辈子还没来得及思考与回味，可是我已经到了暮年。趁自己还稍有追忆往事的些许能力，写写自己的人生之路，用自述的方式总结自己的一生，应该也是人生的一件乐事。生活是丰富多彩的，可有时又常戏弄人，刚才还觉得有满肚子话要说，真是下笔千言，一时竟又不知从何谈起。我常常想，一个人从出生到长大成人，他的身心素质一定和他的生存条件、家庭背景和社会、历史等环境背景的影响是密不可分的，人的素质和性格的形成无不打上各种背景影响的烙印。

　　我 1935 年 9 月 30 日出生在北京南城一个出租屋中的贫苦家庭，用现代语言讲，即将成为"80 后"了，真是"人生如梦，转眼就是百年"，也应该总结我这一辈子了。我自认才疏学浅，要是写自己的表演专业小结，或者写一个角色的创作过程，那是我本行要做的功课，应该不在话下，可是正经撰写回忆录就不那么简单了，遇到许多以前无法想象的困难：记忆力远远不如从前；提笔忘字；视力减退，看电脑屏幕一会儿清楚，一会儿模糊；需要的资料没有系统收集、整理，散乱无章，浪费了许多宝贵的时间，重复劳动也不少。但是，再困难我也要坚持完成写作，绝不轻言放弃，这也是我不服输的性格。

　　经常有许多朋友提醒我："许忠全，你这一辈子演了那么多电影、电视剧跟话剧，你可不能狗熊掰棒子，演完一个扔一个。"我想了想，还真是这么回事。我今年已经 79 岁了，开始写回忆往事的文章，需要平时积累的很多资料，当我特别需要熟悉情况的老伴辅佐的时候，她却于 2012 年 12 月 27 日因病抢救无效而逝世，距今两年多了。我俩曾经是仅隔 30 米远的邻居，每天都是低头不见抬头见，相互看着长大的；又曾经是小学和中学的同学，从 17 岁相恋到结成夫妻，恩恩爱爱整整 60 年。60 年的情感和责任，我们相扶相持，相濡以沫。与老伴的生死离别之苦，难于言表，对我在思想、情感、心理上是个沉重的打击。虽然她走了，但我还坚持认为她始终在我们中间。在日常生活里，有时不自觉地、习惯性地叫着老伴的名字，其实站在旁边的是我的女儿，这时女儿回答："爸！是我，您叫错啦……"

我知道我的思妻之痛还需要经过很长时间的煎熬，这段时间虽然有晚辈的陪伴，但我还是觉得心里空空的，感到很孤独。我一生中存有大量的照片、文字材料和我拍摄过的影、视光盘，整理起来谈何容易，特别需要像她那样熟悉我的材料的一位得力帮手，可是她走了。现在只有我一个人，在视力、记忆力较差的条件下写文章了，写起来确实有些费力，不管怎么说，我也应该抓紧时间总结，为家人和朋友们留个念想。我是个"电脑盲"，又不会新式的汉语拼音打字，儿女为了帮助我完成回忆录的写作，特意从2012年9月开始为我配备了电脑和互联网，还特意购买了汉王笔写字板，方便我手写的同时录入电脑文件。我就以此为条件，慢慢地摸着石头过河，回顾自己的一生吧。

許氏資料收藏

序

许多年前的一个深夜，百无聊懒的我不停地变换着电视频道。突然，屏幕中一个熟悉的身影掠入我的眼帘，那不是电影表演艺术家许忠全老师吗？记得他，是因为电影《金光大道》，他在里面饰演反角冯少怀，一晃经年，他已经年过半百，却健硕依然。

这是一部故事片，片名叫《赵百万梦幻曲》，不知不觉我便被许忠全老师幽默诙谐的表演所吸引，忘情地哈哈大笑。

那一夜，我沉浸在剧情里，流连于许忠全老师的表演才情中，每一个回味都带来会心的一笑，有这样的电影相伴，有这样的艺术家相随，每一天都是快乐的。

通过这一部电影，我开始刻意了解许忠全老师的情况，知道老师出生于1935年，1959年毕业于中央戏剧学院表演系并留校担任教学老师，在此期间，主要从事教学工作和舞台表演，参演了许多话剧作品，正是因为长期实践工作的积累，使许忠全老师具备了丰富的表演才能，在1974年出演冯少怀这个角色时厚积薄发，一鸣惊人，给观众留下了深刻的印象。

自出演冯少怀后，许忠全老师的表演才得到充分发挥，相继在14部电影及27部电视剧中扮演重要角色，塑造了许多脍炙人口的人物形象。他是全才型的表演艺术家，通过惟妙惟肖的形体语言和丰富多彩的形象塑造，淋漓尽致的表现出各类人物性格和特点，使观众情不自禁地融入到剧情中，仿佛他就在身边。

《岁月留痕》记载了许忠全老师精彩而又传奇的一生，全书在八十高龄的老师叙述中，那娓娓道来的感觉犹似父母在耳边的轻轻细语，是那么的自然，又是那么的亲切，昨天的一幕幕清晰地出现在眼前。这是一本往事的故事，也是一本艺术的总结，在书中，许忠全老师将自己对表演的领悟以及心得也做了充分的诠释，在图文并茂中增添了阅读的兴趣。

看了此书的章节，在许忠全老师的叙述中感悟生活的意义和生存的价值，把这些体会贯穿于自己的成长经历，这也是我们这代人共同的历史和回忆。

崔永元

2015年8月28日

家　庭

　　我从小就有寻根问祖的愿望和好奇。我姓许，关于我们的老祖宗许氏的来历，我从小就想知道，我们许家祖先如何来到北京城的？我总想刨根问到底。比如说：我们的先辈是土生土长的老北京人？还是外地移民到北京城的？我带着这个问题到处打听。我一生中到过不少地方，凡是我到过的地方，从城市到农村，从大街到小巷，每到一处都留心打听，很想知道北京许氏族群的来历，但很失望，没有一个"对号入座"的满意结果。我所知道的就是从我爷爷那辈开始居住在北京的，他老人家名叫许德，是个 97 岁的长寿老人，爷爷逝世于新中国成立之前。他在世时家境贫寒，全家租住在宣武区（现改为西城区）教子胡同 16 号。原来的老房子是平房小院，现在已经拆掉改成高楼大厦，再也找不到老家 16 号院了。在那饥寒交迫的困苦年代，人的平均寿命才四五十岁左右，就在这贫民窟的环境里，我们家竟然出现了一位长寿老人。爷爷老人家的人缘很好，邻居和远近的朋友们都很爱戴他，有的人家生了娃娃，总想把小孩抱来让老人亲亲、搂抱一下，沾沾老人的长寿、健康和福气，大家都很尊重这位和蔼可亲的长寿老人。老人身材高大、魁梧，我小时候没有度量衡的概念，只知道爷爷进出屋门时都必须低着头，否则头就要碰到上沿门框！爷爷嗓音脆甜而洪亮，可惜他 80 多岁就双目失明了。我好奇地问过爷爷："我们许家从什么地方来的？"可他没有自信地回答说："大概我的祖爷爷是从四川来的……"由于奶奶过世早，我对她没留下什么印象，我觉得爷爷是唯一知道我们许氏祖籍的人了。虽然这个说法不知准确与否，但我想也有可能，我联想到有部电影《许茂和他的女儿们》，写的故事、环境、人物和事件等题材都是来自四川。还有，我的爷爷跟别人聊天儿时，我曾听他说过"四川许……"，这也是根据记忆寻找出的我们许家的来源。但我内心深处还是不敢肯定，因为找不到第三人证明，此事暂告一段落吧。

　　我爷爷有四个儿子和两个女儿，我的大伯叫许恩德，因为家境贫苦，吃饭都困难，更拿不出钱娶媳妇，我大伯打了一辈子光棍，真够可怜的。大伯心地很善良，在家里和外面从没跟任何人红过脸。他成天干活，不吭不哈，寡言少语。大伯非常心疼我，我和他一起给羊主放羊时，他总让我多歇会儿。我爸爸和哥哥推独轮车卖年糕和元宵，需要头天晚上

把糯米面碾压出来，由我和大伯一起用碾子磨面，干活很累，他爱抚地摸着我的头对我说："你先坐会儿，喘口气。"一些重活都由他干。晚上到吃饭的时候，压糯米面的石碾子要用人继续转，筛面不能停，不然就影响第二天早晨做年糕和元宵了。等到晚上天黑磨完面后，我和大伯才能吃饭，把大家吃剩下的窝头、面片、剩菜汤和菜叶子混在一起再熬煮一遍，这叫"折箩"。由于我俩都非常饿了，尽管是大杂烩的"折箩"，但我和大伯依然吃得很香！二伯叫许恩福，只有二伯是"独立大队"的带队人，他带领我的二大妈、大哥和大嫂离开许家这个大家庭，搬到前门煤市街独立生活了，他们从此也很少与我们联系。我爸爸排名第三，名叫许文元，我四伯叫许恩寿，大姑叫许淑丽，老姑叫许淑云。伯伯和姑姑们都是嗓音洪亮，爱说爱笑的人，他们常来常往，互相关心，互相爱护，可惜全都是文盲，都不知道许氏的来源。因为他们的身高都很出众，按现在的标准，男的都在1.80米左右，女的在1.65米左右，从他们的身高和气质看，不像四川人，他们都活到70岁左右。

我后来所了解的许氏都生长在中国南方，如福建、广东、台湾、江苏、浙江等省，许氏很少出现在中国北方。在20世纪末从河南省许昌市许氏族群联谊会来了一封信，内容大概是希望跟我保持联系。很可惜，由于我经常在外地拍摄电影、电视剧，没时间，也没条件回信。时间太久了，也失掉了联系。通过多方了解和查找民族历史资料，我知道许氏在中国姓氏排行榜上名列第28位，人口约898.4万余，占全国人口的0.56%左右。另一资料显示：许氏源于满族，属于汉化改姓为许氏，还有其他少数民族，比如清以后的黎族、瑶族、彝族、土家族、阿昌族以及北方的回族、蒙古族、朝鲜族等少数民族中，均有许氏族人分布。看来，我们许氏的具体来源，还包括很多少数民族，这就更需要深入细致的调查，有机会再研究。

根据我的记忆，我的母亲李秀珍是位很能干的妇女，1968年病故，享年63岁。她的一生是很辛苦的，她是我们全家的"内务部长"，她既管全家人的衣、食、住、行，又照顾病中的老人和小孩。她是街道积极分子，又经常关心邻居，所以母亲很受人尊重。我很爱我的母亲，有两件事使我终生难忘。一件事是我13岁，北京刚解放，我考上了回民学院中学部（回民学院有中学部、师范部和阿拉伯文部），当时家里一致反对，原因很简单，就是家里没钱供我念书！另外，更主要的还是需要我干活挣钱。眼看学校就要开学了，我每天一有空闲时间，不分上午、下午还是晚上，从家出发七八分钟就跑到学校，在校门口手扶铁栅栏怀着渴望与激动的心情使劲地往学校里边看，盼望能走出一位老师把我收进去。但是左等右等没有人出来，当时我已经绝望，心里非常郁闷，回到家里无精打采，坐在台阶上发愣。妈妈看到我脸上露出的失望和苦闷，她很心疼，我也感受到了妈妈的激动和对我的同情。在决定我上学与否的关键时刻，妈妈突然站出来，对着全家人说："活儿还是让他干，可是学也要上，砸锅卖铁也要上！"妈妈发自肺腑的一席话，说服了全家人，我终于能上学了。当时我真有绝处逢生、喜从天降的感觉，高兴得都跳起来了。我紧紧地搂住妈妈，久久没有松开，我含着热泪哽咽着跟妈妈说："妈！……我干活儿……我一定好好学习……我……"我泣不成声，感觉真是世上只有妈妈好，母爱是神圣的！我终于上中学啦！我非常珍惜这个来之不易的学习机会。从此我白天上学，晚上劳动。学习刻苦努力，晚上干完活儿就在路灯底下做作业。为什么不在家里做作业呢？因为家里只有一盏电灯，是为家中干活用的。如果我有一盏台灯，一个写作业用的桌子那该多好呀！对于我来讲，就是做梦也梦不到电灯和书桌呀。平时下午放学后做值日（擦黑板、扫地等），同学们一周只做一次，可是我自觉自愿地天天做，为什么呢？因为在搞卫生扫地时，可以从地上捡到同学们不要的铅笔头。因为我没钱买新铅笔，我就花几分钱在旧货摊上买一个旧的铜制毛笔帽，把铅笔头往铜笔帽上一插，就当好铅笔用。没书包就撕一块白布叠上几叠挎上就走，

許氏资料收藏

图001 1958·许忠全与王桂云结婚照

比真正书包还结实。就这个包袱皮书包伴随我从初中一年级到高中毕业。在整整六年的中学阶段，我没买过书包和铅笔盒，为的是给妈妈省钱，让她少为我操心。

我从中学到大学，没有母亲的鼎力相助，就没有我的今天。

另一件令我终生难忘的事是在二十世纪六十年代中期，我和爱人王桂云结婚后，有了两个孩子，女儿叫许颖、儿子叫许棣（图001-003）。我们习惯每周末全家从交道口乘坐约一个小时的公交车，回到宣武区教子胡同16号去看望我的母亲，她每次都给我们做好吃的。星期日曾是我们全家和母亲最高兴的时候，我们更是倍受母亲款待，连吃带拿，不是酱牛肉就是饺子和肉饼，母亲总是心满意足地看着我们吃喝，我们纳闷为什么母亲不跟我们一起吃，她却总是推说已经吃过了。有一次我们告别老人回家，已经走了一半路，忘了拿雨伞，又回去取，跑回家一看，我惊呆了！我看见母亲一个人在昏暗的屋子里正啃着冰冷的菜窝头呢！此情此景令我很惊讶，像有一根针刺痛了我的心脏，不知不觉，我的眼泪刷刷地流了下来，我实在控制不住自己了，大叫了一声"妈！……"就扑通一下跪在了母亲的膝下。我们已经成家，有了儿女，您还为我们省吃俭用，节衣缩食，我深感内疚，觉得对不起母亲。从这天起，每到周末或节假日都由我们做好母亲爱吃的东西送给她老人家。当看到母亲脸上露出一丝微笑时，我的内心深处才感到一点儿安慰。《常回家看看》这首歌曲如果在二十世纪六十年代出现该多好呀，我一定天天唱给母亲听，并用实际行动感谢慈爱的母亲。

我的婶妈卜淑珍（四伯的妻子）是一个很乐观的人，她嗓音脆亮，口齿清楚，从语言到形体动作都能展现出她特有的北京人的幽默。比如在解放前，做小买卖挣钱的爸爸、伯伯、哥哥还没回家，晚饭还没有着落，全家人饿得有些难受，此时，婶妈站在屋门口，用一个小搪瓷盆垫在肚子上，用上衣一盖，一边拍着鼓鼓的"肚皮"，像是吃饱了似的对大家说："我都吃撑着了，你们怎么还不吃呢！快！快！快！"她很有节奏感地敲着"肚皮"，嘴里还打着嗝："嘭……嘭嘭嘭！嗝！嘭……嘭嘭嘭！嗝！……"逗得全家人都笑了。爱"出洋相"的婶妈，经常给我讲家庭里可笑的故事。在我演戏生涯里，演过喜剧和带有喜剧色彩的人物，我认为如果取得一些成绩，如果我身上有幽默感，一定与我婶妈的言传身教分不开。

我上有哥哥、姐姐，下有弟弟、妹妹，我是排行在中间的。我的大哥叫许来存，是我母亲生的第二胎，第一胎婴儿出生不到半年就夭折了。大哥许来存出生后，家里人兴高采烈地迎接这个长子、长孙，可是美中不足，他的手和脚都没有指甲。随着年龄的不断增长，指甲才渐渐地长出来。在二十世纪五六十年代，他在北京虎坊路小吃店工作。他做的北京小吃"艾窝窝"非常漂亮，香甜可口，特别好吃，曾获得北京市著名小吃大赛第一名！并且还登载在读者很多的《北京日报》上！他做的炸糕两面一样薄，参加过职业比赛，结果

图 002 1968·女儿许颖、妻子王桂云和儿子许棣合影

图 003 1971·与女儿许颖、儿子许棣合影

他也得了北京市名小吃冠军！他喜欢体育，如：打沙袋、踢足球、放风筝和抖空竹。玩的这些玩具，都是别人的，哥哥只是跟大家混着玩。可惜他是文盲，解放这么多年扫盲也没扫到他的头上，他始终不会写自己的名字。我的大姐叫许敬一，今年86岁了。她年轻时爱唱歌，曾和她的朋友们一起在小胡同里玩耍，有时南边墙上和北边墙上各钉一个钉子，中间拉上一根绳子，然后挂上一块床单当大幕，幕布一拉开，他们就开始自编、自导、自唱、自演"牛郎织女"。可惜大姐也是文盲。二姐因为去世早，她的名字叫什么我们都不记得了，只知道家里叫她"二丫头"。我最喜欢和最爱我的二姐。为什么呢？第一，她很爱自己的家，爸爸、伯伯、哥哥摆摊卖回来的钱是多是少，都由二姐数清楚。她是我们全家的"大管家"，她勤俭持家，从早到晚，她都不停地算计着：该买多少原料？挣的钱够买豆面还是买玉米面？够吃白菜还是吃咸菜？二姐都很操心。算完之后，别人吃饭，二姐却拿起口袋跑到十里外的粮店买第二天卖小吃的原料，她一人独自背回家。第二，二姐吃苦耐劳，她思维敏捷，心地善良、诚实和漂亮。我快7岁该上学了，是二姐给我取的学名叫许忠全。为什么二姐给我起个"全"字呢？因为大哥虽然长得很帅，可是出生时他没有指甲，生得不算"全"，所以二姐给我的名字起了"全"字！许忠全，多么响亮的名字！希望我既是十全十美，又是忠孝两全！二姐没上过学，却能给我起这么漂亮而又充满儒家哲理的名字，可见二姐身上具备等高深的聪明才智呀！可惜二姐12岁的时候，路遇一匹日本强盗的高头大马，那马突然惊了，从她身边撞过，二姐受了惊吓，得了重病，经过半年左右病魔的煎熬，在没钱、没医、没药的穷人家，二姐没扛过来，终于被死神夺去了生命。去世当天，如晴天霹雳，全家人撕心裂肺号啕地痛哭！我的心都碎了。我非常怀念她，每当回忆起二姐，我都心疼，眼里含着泪水，二姐的去世是我心中最大的、不可磨灭的、永久的悲痛。二姐善良、美丽、清秀的形象，永远铭刻在我心中！我相信二姐如在天有灵，我们一定还会见面的，那时我们再不怕日本强盗了，我一定再也不让二姐独自上街买东西和背负沉重的东西长途跋涉了，一切脏活、累活都由我干。二姐安息吧，弟弟许忠全永远爱着你！

我的妹妹叫许春荣，她原是北京第一机床厂的电工。她是单位和家庭的劳动能手，后来调到北京民族印刷厂直到退休。她心地善良，乐于助人，既贤慧又勤劳，她有高尚的品德，很像我的母亲，她能让全家吃饱吃好，可她自己一口也舍不得吃。她关心哥哥、弟弟和一大家子侄男侄女们，而从来不关心她自己。她能记住全家人的生日，可是她自己的生日，从来不过。记得解放初期，二侄子患了严重的肺结核，政府对少数民族很关心和照顾，医院对前20名排队挂号者可免医药治疗费，于是三妹起早贪黑，早晨四五点钟排队挂号，然后早上七点多钟，我和大哥再轮流把侄子背上，走二里路去看病。经过三个多月的治疗，在三妹无私、忘我的关爱下，二侄子终于恢复了健康。三妹艰苦朴素，给我的印象是她从小到大一身蓝布衫。工作之后，无论是上班还是下班，没穿过一件带花儿的漂亮衣服。一年四季，春、夏、秋、冬，永远穿一身工作服。三妹严于律己、宽待别人，她是我们全家最早的一名共产党员。我们大家都很怀念她（2010年病故，享年72岁）。我们这一辈人中最小的是弟弟，他叫许忠联（已退休，今年73岁），他在北京市化工设备厂当工人，自理能力很强，曾是车间的团支部书记。他会做一手好菜，他常对别人说，自己动手，丰衣足食。平时喜欢唱民歌，音准很好，从来不跑调，乐感很强，唱起歌来有滋有味。弟弟在生活里爱笑爱逗，轻松乐观，诙谐又幽默。他身高有1.80米左右，声音脆亮，虎背熊腰的，是个北方汉子。他特别善解人意，总是对别人大度、宽容。他虽然知道糖尿病要"管住嘴，迈开腿"，但据我所知，他迈开腿还可以，管住嘴只能打58分，还需严格要求。他是老小，我们都很爱他和关心他。我的兄弟姐妹文化程度都不高，但都善良、诚实、热情、幽默，虽然各自成家，养儿育女，节假日相聚也是一个其乐融融的大家族，至于为什么姓许？我们家是属于哪个许氏族群？大家少有提及。（图004）

許氏资料收藏

图004 1994·与兄弟姐妹合影，左起：哥哥许来存，姐姐许敬一，许忠全，妹妹许春荣，弟弟许忠联

童　年

　　我的童年是在解放前黑暗的年代里一步一步艰难地走过来的，留下的尽是寒冷、饥饿、受尽欺侮和羞辱的记忆。

　　1940年左右，我刚刚5岁，爸爸为了家里能糊口，就把我送到羊主梁大伯家去放50只羊。这些羊不是在北京土生土长的，而是由羊主从内蒙古（现为集宁市）的羊贩子手里先购买，雇人把它们赶送到南口（现为北京市昌平区南口镇）。然后，再由我和我的大伯受雇到南口镇接羊，把它们赶往北京回族聚居区牛街。接羊开始是选头羊（头羊就是羊群中领头的羊），它是一群羊的首领，我作为小羊倌走在羊群的最前面，头羊很聪明，我认为头羊跟人们养的宠物狗智商差不多，它总贴身跟着我，和我寸步不离，并且会看我的脸色行事。我的任务就是领着羊群缓慢而匀速地往前走，或者停下吃草，或者饮水。大伯是在羊群后边轰羊的，羊走散了，大伯就把走散的羊轰回羊群。如果有的羊走得快，超过头羊，头羊就会把它顶回来。头羊对主人很忠诚，善解人意，它是这群羊的"家长和保安"，我给头羊起了个很亲切的名字"小三儿"！就是我大伯是老大，我是老二，"小三儿"是小羊倌真挚的好朋友。

　　从南口镇到北京需五天的放羊路程，这五天不能快赶，不然羊会掉膘，也不能慢赶，太慢了，五天的路程实在太累，时间调理不好，就会人困羊乏。为了让羊吃到夜草，能增肥长膘，我和大伯把羊群围拢起来轮流值班，一个人看羊群，一个人露宿野外躺在土坡上眯一会儿。有时被蚊子叮，被疯蚂蚁咬，浑身红肿，又疼又痒，受的罪绝非今天的孩子们所能想象。晚上饿了，吃大伯从北京家里带来的冰冷的窝头，吃起来又硬又凉。虽然是北京的初秋，上半夜还能凑合抗寒，下半夜肚子里空空的，寒风一吹，瑟瑟发抖。我身上穿的很单薄，冬天的棉袄揪出棉花，就当夹衣穿。我在解放前，没穿过一双家里给我做的单鞋，棉鞋更没穿过，因为家里太穷了，只好自我解决。小时候，我穿的鞋都是从垃圾堆里拣出来的，有时一只是灰色的、一只是黑色的，穿起来左脚的鞋前掌开线张着嘴，右脚的鞋后跟露出个窟窿。上身穿的一件布衫连扣子也没有，系一根绳子就行了。

　　我出生在这样一个穷苦的家庭，解放前也就是13岁之前，从来没有用香皂洗过脸，更没用过牙膏刷牙漱口。有钱人孩子吃的是大米白面，嘴里总是边吃着水果边招惹穷孩子。

他们认为穷人的孩子好欺辱！对穷孩子说打就打，说骂就骂，他们经常指着我的鼻子讥笑我，踢我的屁股，嘴里大声喊叫："野孩子！又脏又臭的野孩子！"有钱人家的孩子财大气粗，打完穷人家的孩子又找警察，警察来了也偏袒财主家和他们的"狗崽子"。面对这样冷酷和欺人太甚的现实，我丝毫没有自卑过，相反更激励我摆脱贫困，向往吃得饱、穿得暖，丰衣足食的好日子。唉！虽然说是这么说，可是在我的童年时代是旧社会，没有办法实现我的梦想。实际上还是吃了上顿没有下顿。最痛苦、最难熬的是到了晚上，我饿得已经头晕脑胀，只好千等万盼，等父亲卖菜回来！当我看见父亲的一瞬间，心情是极其复杂的，一则是喜，一则是忧。如果父亲围裙的前兜刷刷做响，我就高兴极了，为什么呢？因为兜里纸票子多，说明挣了钱了，可以吃一顿饱饭了，一看兜里是沉甸甸的钢镚儿，心里就凉了半截儿，说明没挣多少钱，今晚只好饿肚子了。有时饿得肚子疼，我就跪在土炕上双手捂着肚子，头和脸挨在双膝上，跪一会儿，睡一会儿，就这样熬过一整夜。这挨饿的日子不是一天两天，而是经常的。童年给我留下了病根儿！直到现在，多饿一会儿就头疼。如果该吃饭了，因为有事拖了一两个小时，我就头疼难忍，肚子疼得像是肠子碎了一样。黑暗的旧社会，给我这个一贫如洗、吃了上顿没下顿的穷孩子留下的痛苦与煎熬是难以忘却的。

穷人的孩子早当家。我5岁多的时候，还卖过关东糖（糖是白色的，是麦芽和糯米经过加工制作的，大概约五公分长短，小拇指粗细一根）。父亲给我相当于现在的20元，作为本钱，批发价是两毛一支，我卖三毛一支。当我晚上卖完了，一数钱，我高兴得不得了，几乎要喊出来了，哈哈！我挣了10元钱，这10元钱挣得多不容易呀！这是我从早到晚一天的辛苦劳动！从此，我这个快6岁的小孩就知道了：辛勤的劳动产生价值。我一天挣一块钱就证明了我没白干！这已经很不容易了！今后我要更使劲地加油干活，挣得多、更多的钱，养活父母和家人。当我进入6岁的时候，父母就把我当大人使了。记得，我刚得完一场大病，双眼红得像"山里红"一样，骨瘦如柴，身体很虚弱，走起路来晃晃悠悠的。在那个黑暗的旧社会，我真是用自己的生命和年仅6岁的身心，真切地体验了一次贫病交加是什么滋味！穷人没钱看病，当时在我家附近有家慈仁医院，离我家大概只有50米左右，我几乎天天路过，但是我们家的人从来没进去过，因为这不是为穷人开的医院。穷人得了病只得硬扛，如果扛过来算你捡条命，扛不过来就只有一条路，那就是死了拉倒。幸运的是我终于扛过来了！为了能让全家吃上一口粗茶淡饭，父亲让我做小生意，说是小生意，其实比要饭的强一点儿。北京人都知道的，卖"咸落花生"，我要把一筐生花生，大约有四五斤，每个花生捏一个小口，为了煮时能把桂皮和八角等香味儿煮进花生里，那样煮熟的花生又香又好吃。父亲把熟花生倒在一个圆圆的篮子里，让我挎着到街上去叫卖，或者让一个大哥哥领着我到大烟馆外去卖。那个大哥哥是我们的邻居，我只知道他姓白，我

叫他白大哥，我虽然又瘦又小，脸上带着病态，可是哥哥很喜欢我，又很同情我。他的花生金黄色，又香又漂亮，而我的花生又灰又黑，别人都买他的，不买我的。为什么呢？后来才知道，花生应该用砂锅煮，铁锅煮的就黑。卖了半天没开张，我的眼泪在眼眶里已经开始转圈了，哥哥看到我那绝望的样子，就对我说："别着急，先卖你的。"当时我被大哥的话感动得不知说什么好，眼泪刷刷地夺眶而出，我一辈子也忘不了这位大哥的帮助。我含着眼泪跟大哥说："哥，谢谢您了！花生放了一天了，卖不出去就赔了，我妈还等我挣花生钱买玉米面……，要是卖不出去，回家挨打不说，花生馊了也得扔掉。"这时候，有一个抽大烟的中年女人要买花生，哥哥忙过去跟她说："大姐，您买小孩儿的花生吧。"那个女人尝了尝说："你的不好吃！要吃可以，你先给我揉揉脚趾头，不然就不买！"我迫不得已，于是就跪在炕头给她一个挨一个地揉脚趾头。当时我的心里不知怎么的，像受了奇耻大辱，像打翻了的五味瓶，又委曲又想吐！如果老天爷能听见，或者看见，我真想大哭一场。伤人面、伤人身我都可以忍受，但不能忍受伤人心和伤人自尊。老天爷对穷人太不公平了！

有人说："天上不会掉馅饼！"可是我认为："天上会掉馅饼的！"所谓这个"馅饼"，它不会掉在贫民窟或者掉在穷人头上，"馅饼"只是一个劲掉在富人的院子里，或者干脆往有钱人的口袋里掉。我虽然长得不难看，也挺机灵，但我跟同龄小孩一起玩游戏，"馅饼"总是掉在别人兜里，赢家总是别人，我总是输，我保准倒霉走背字，如玩"石头、剪子、布"，不知怎的，上帝总是向着别人，从来不向着我，玩来玩去，输的准是我，玩一百次有九十九次都是我输。我这个人就是缺少运气，所以我就养成了老老实实、心平气和、顺其自然的习性。我的童年虽然遇到了不少的磨难、侮辱与谩骂，甚至拳打脚踢，但我能面对现实，为了实现自己将来丰衣足食的梦想，我什么苦都能吃，什么罪都能受。

在旧社会，穷人没有地位，生活在社会的最底层。但是穷人也有他们的活法。穷人的信念就是吃亏是福，能忍自安。他们哈哈一笑，大声自唱一首民间小调，就能消除心里的郁闷，达到内心平衡的目的。这不是阿Q精神，而是穷人对不平等的社会进行反抗的艺术手段和能力。我的童年是在旧社会坎坎坷坷、跌跌撞撞地走过来的，在以后成长和发展的过程中，每当遇到难题或是不顺心的事，我经常用这句话激励自己："难不难，想童年！"一想自己的童年，一切郁闷和苦恼就算不了什么了，我就是用这种方法熬到了小学毕业。穷人翻身了，解放了，新中国成立了。

我记得在我快满13岁，也就是我小学即将毕业，北京刚刚解放，在北京长安大戏院举行了小学生歌咏比赛。我记得我们牛街小学参赛的合唱歌曲是《山那边》，我被选为该大合唱的领唱，我感到很荣幸。为什么我被选为领唱呢？因为我音准好，乐感好，节奏感好，

音色美，嗓音清脆，在舞台上心理、形体松弛，一点儿不紧张。这次演唱成功的经历令我终生难忘，至今我还能从头到尾，旋律优美地把这首歌完整地唱出来呢。记得歌词是：

山那个边有好地方，

一片稻田黄又黄，

你要吃饭得做工，

没人给你当牛羊。

大鲤鱼呀满池塘，

织青布做衣裳，

年年都是好时光。

第一次登台演出，获得了满堂彩，掌声和叫好声响成一片，我心情特别激动。我没有像样的礼物送给母校的老师和培养我的牛街小学，这次演出算是我给母校——北京市宣武区牛街小学的一次献礼吧！这次的演出经历也许可以算是我终身从事演艺事业的真正的处女作，预示了我的表演职业生涯，虽然我那时并没有意识到。

青少年

  1949年10月1日新中国成立，劳苦大众结束了多年来的苦难，北京城里的人们和我的家人一样兴高采烈。但是国家还处在百废待兴的阶段，我虽然考上了回民学院中学部，国家给了我助学金，但还是需要我通过劳动减少家庭负担。在初中放学时，我不能马上回家，而是必须用跑步的速度从菜市口到广安门外莲花池地区（该地区在二十世纪五六十年代没有高楼大厦而是菜农种菜的农田），拉菜车子到菜市口。车子是菜农的排子车，上面装有10筐菜，大约有五六百斤重，由莲花池拉到菜市口之前，还要在水屋子打两桶凉水浇在菜上，为了让蔬菜保鲜，然后再拉到位于菜市口的菜市场。不容歇息，第二次接着跑到莲花池，再拉一趟菜车，总共两个来回，往返两趟。每次挣五毛钱，大约相当现在的三元钱，我给妈妈一半，我留一半，为了存钱买些学习用品和减少家中支付我的生活和学习上所需的费用。当我回到家里，赶快放下书包，洗四个十斤左右重的大南瓜，然后刮皮、擦丝、剁碎，再加上剁好的宽粉条和五香粉，共同放到缸盆里，再放10斤左右面粉和适量的凉开水，我要把"吃奶的劲"拿出来，花大力气用双手把菜与面和好，然后炸丸子，每分钟我可以炸60多个丸子，一直把一盆面炸完。不等油锅凉了，喘口气，休息片刻后，又再炸五屉豆腐。这就是我一天的校外劳动，直至高中二年级。中学时代也可以说是我在半工半读的流程中度过的。在初中时，我很羡慕同学们用自来水钢笔写字，我一直用沾水钢笔，没钱买自来水钢笔，我就在颜料店买包蓝颜色自己熬，至今我都很骄傲，因为我熬的墨水，字迹清晰、不洇纸，而且保证永不褪色！怎么熬的呢？对不起，我暂时保密，您别以为过时了，在二十世纪五十年代初，一个十多岁的少年能"自熬高质量墨水"，还真是一个了不起的发明呢！靠着勤俭学习，努力用功，我的学习成绩都是优等，而且顺利地升入了高中。（图005-006）

  虽然我比同龄人和同班同学活得累，但是我很知足，我能上学读书，这是我觉得最快乐和幸福的事。我在回民学院从初一到高三，从13岁到18岁，是我人生中最丰富多彩的年代，也是我人生中最宝贵的年代。在校学习阶段，我很珍惜这个机会，学习很刻苦，每天早晨五点起床，首先帮爸爸干零活，然后温习功课。学校的早自习我总是第一个到校，

图 005　1952·初中毕业照

图 006　1953·17岁·高中生照

任课的老师都很喜欢我。在高中时有语文朗诵课，在同年级和全校一千多名学生中我是第一名！班主任语文老师带着我到各班去示范朗诵，当朗诵结束时，同学们给予我热情的掌声以示支持和鼓励，我心里也是乐滋滋的，很得意和自豪。这也为我将来报考艺术类院校打下了牢固的基础。记得在中学时期，我的数理化和文科成绩都是优秀，特别是我很喜欢的化学课，无论是大考还是小考，我都可以很轻松地拿到 5 分（当时的 5 分制就是现在的百分制）。我的化学老师是周宝臣老师，她很喜欢我这个非常用功的学生。当决定我考哪个大学之前的关键时刻——1954 年，上级宣布从 1955 年开始，应届高中毕业生高考时，考理不考文，考文不考理。这对已经决定考文科艺术类院校的我来说真是喜从天降！从此，我扔掉理科复习，专心复习文科课程。老师在课堂上对学生模拟考试时，我的理科小考当然都是 3 分或是 2 分了，特别是化学考试都是不及格！这下把周老师气坏了，有一次周老师拿着我模拟考试得 2 分的卷子说："许忠全！站起来！"当时我看见周老师眼里含着泪水，拿卷子的手在颤颤微微地发抖，她极力控制自己的感情，严肃地说："你化学成绩一向都很好，为什么要放弃呢？你要善始善终吧？……"说完，周老师难过地走出了教室。我当时不知说什么，心里也很不是滋味，我知道老师是好意，是为我好，喜欢我这个好学生。可我的

精力有限，我必须集中所有的聪明才智，全力以赴，考文可以不考理，这无疑为我节省了复习时间。我没有向老师过多地解释，真不愿，也不忍再伤老师的心。这件事到如今已经60多年了，可是我还记得周老师的音容笑貌与和蔼可亲的样子。周老师对不起，谢谢您对我的厚爱！

在高中阶段，我还积极参加课外活动。我喜欢踢足球和玩"虎伏"。足球，它可以训练我机动灵活，随时随地应变场上的变化。在足球场上要高度注意力集中，因为球不管在足球场的任何地方，15秒至20秒就可以射门，球员稍有松懈就会丢球。在足球场上可以调节人体的速度与精力，使我有一个强健的体魄和良好的承受力，如：控球能协调形体、掌握足球的踢、顶、传等各种技巧，在比赛时可以灵活有机地运用形体，使之产生有机的应变能力。还有一个值得我骄傲的体育项目，就是我很喜爱玩儿的"虎伏"，它类似空军训练时旋转的大铁圈，也有人叫"虎符"，或称"大铁环"，人在圈中旋转很快，这项运动很好玩。它可以训练人的大脑思维敏捷和控制方向、方位的灵活性，以及大铁环旋转时形体的控制与四肢的协调能力。可惜这个"虎伏"在我们学校，四位体育老师中只有一位会玩。在初中和高中上千名学生中，只有一个学生会玩，这个学生就叫许忠全。

除了足球与"虎伏"之外，我也喜欢其他体育项目，如单、双杠，还特别喜欢篮球运动，总是利用上午课间和中午，见缝插针地练习投篮。高中最后阶段，家里的劳动减轻了，甚至不让我干活了，我可以全天在学校学习和参加学校组织的话剧、歌咏、舞蹈等社团。那时的课外活动非常丰富，也很精彩。有人说文体活动影响课堂学习，我可不这样看，我认为两者不但不矛盾，相反，它们是相辅相成、互相提高的关系。有人一谈让孩子好好学习，就是欣赏孩子趴在书桌上做功课，使孩子成为"书呆子"家长才放心、满意，我认为这是不对的。难道学生参加社团活动就会影响学习吗？我的亲身经历证明，参加了体育、舞蹈、唱歌、演小戏这些社团活动，使我身、心（大脑）更健康，性格也更开朗，乐于交朋友，精气神饱满，活泼不死板了，想象力也丰富了，上台讲话时心理、形体松弛，不紧张，口齿清楚，学习五线谱视唱练耳，音准好了，唱歌好听了，舞蹈随着音乐起舞，增强了节奏感等等，课堂学习与课外活动相结合就能在上课时注意力集中，很有兴趣地听老师讲课。回家做功课时不是愁眉苦脸，而是边哼唱歌曲边做题，使逻辑思维能力和形象思维能力更加有机地结合，作业的质量会更好。记得当时我很乐意参加社会活动，在1954年，我一个人曾经到中央戏剧学院表演干部进修班去会见电影"白毛女"的扮演者田华老师，在交谈文艺方面的问题时，她对我有很高的评价，并接受了我的热情邀请，亲自到回民学院与广大师生见面。当她谈到"白毛女"的创作体会时，对我这个一心想演"大春"的青年人来说，启发很大，受到极大鼓舞。作为一个学生，我有一个美好的梦想，就是要报考高等艺术院

图 007　1955·高中毕业照　　　　图 008　1953·高中与女友王桂云合影

校，将来成为知名的艺术家！要实现这个梦想，我就要刻苦努力，把功课学好，努力挖掘自身的一切才能。我认为艺术家要具备的文化素质高，有敏锐观察生活的能力，能写能画，生活阅历广，既能唱歌又会跳舞，既有演喜剧的幽默，又有能演悲剧的激情素质。我很怀念我的青少年时代，热爱我亲爱的母校，她像慈祥的母亲一样哺育、呵护我茁壮成长，为实现我的美丽梦想打下了牢固的基础。（图 007）

　　我在整理资料和剧照过程中，非常惊喜地发现了一张很珍贵的照片，就是我 16 岁（回民学院高一）时表演的舞蹈《藏民骑兵队》，当时这个舞蹈在回民学院演出效果很好，一千多名同学都看过，我是演员之一，舞蹈指导王桂云就是我的初恋，后来我们成为终生伴侣。我在中学还有很多活动，可惜都没拍摄下来，《藏民骑兵队》的照片算是我对母校回民中学丰富多彩的文娱活动留下的一次纪念。（图 008-009）

　　同时踢足球也使我获得了很大荣誉，在大学一年级时我就被国家体委评为"国家足球三级运动员"，并特此颁发了证书，那时看国际足球比赛凭此证，就可以免费入场。当我考入中央戏剧学院后，很高兴地看到学院也有"虎伏"，可惜这个高级的体育器材被扔在学院的一个角落里，脚蹬已脱掉，全身已生锈。看上去有几年没人玩了，我擦拭之后上操场锻炼，每当我玩"里刃"单轨转，有点儿像"摇煤球"时，宿舍楼面向操场的窗户就都同时打开了，男女同学都在观看，在我旋转忽高忽低时，宿舍楼窗口发出悦耳的尖叫声，

图 009　1953·回民中学高一班舞蹈《藏民骑兵队》·右二

特别是女同学的呼喊声更增添了我作为男子汉的骄傲和自豪！心里可得意了！可惜大学四年，只有一位体育老师愿意跟我学，但我始终没教会他。真遗憾！我在校四年里所有体育老师和全校同学都不会玩，只有我一个人玩这个"虎伏"，我毕业了，伴随我四年的中央戏剧学院操场上的"虎伏"也"毕业"、"下岗"了！真让人觉得可惜呀！在中学和大学期间，我都是篮球比赛的积极分子，班级比赛时总把我安排在"后卫"，我传球快，拼抢积极，在赢球方面我还算个主力队员。在中央戏剧学院以往的篮球比赛中，有一个不正常的现象，就是班级越高越输球。一、二年级反而排名在前三名，可唯独我们表演系 55 班作为本科毕业班打破了中戏的记录，在全院篮球比赛中场场都胜利，最后赢得了比赛的总冠军。我参加篮球比赛不是为了争第一、第二，主要目的还是为了锻炼身体。看到职业篮球运动员，他们身高体壮，很有男子汉气概，我很羡慕他们。（图 010-011）

　　二十世纪八十年代以后，电视台有时举办文体联欢节目，有很多知名运动员和影视演员参加，这种场合是文艺界和体育界之间交朋友的好机会。我的体育界好朋友中就有国家男篮主力队员王立彬，他是洛杉矶奥运会中国体育代表团的旗手。另一位好朋友是多次获得世界冠军的羽毛球运动员李玲蔚。跟王立彬、李玲蔚交流他们训练和比赛的经验之后，我觉得自己在表演方面付出的劳动和心血跟他们艰苦的体能训练和向生命极限的挑战无法相比，对他们为国争光表示钦佩。（图 012-013）

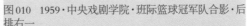
图010 1959·中央戏剧学院·班际篮球冠军队合影·后排右一

图011 1959·中央戏剧学院·55班篮球赛冠军队合影·右三

图012 1980·与中国男篮中锋王立彬（左）等合影

图013 1980·与羽毛球世界冠军李玲蔚合影

艺术之路

　　在安排如何撰写自己的艺术道路——从事表演艺术教学、舞台表演实践和影视艺术创作的提纲时，我有点儿犯难了。为什么呢？因为我自留校在表演系教学40年直到退休，一生中大约参与创作了24部话剧，14部电影，28部电视连续剧和少量的单本电视剧（共约160集），还有小品、片段，总共加起来，我在60年的表演艺术生涯中大约扮演了70个角色。在同龄的演员里我算比较幸运和演出实践较多的演员之一吧，这些机会对一个演员来说是极其难得的，可以说是可遇不可求的，因此我的创作态度始终是非常严肃、认真的。投入艺术创作，对我来说就是不分白天黑夜、呕心沥血、集中所有聪明才智、全身心地投入创作，精益求精地挖掘角色的内、外部性格特征，使之成为有血有肉、个性鲜明、形态各异、栩栩如生的艺术形象。如何总结自己60年的艺术创作生涯，如果让我一一描述曾扮演过的人物形象，根据我目前的记忆能力和手头现有的资料，我认为真有点儿困难。如果光写我的"粉丝"们如何夸奖我，称赞我，许忠全如何如何会演戏，甚至说些赞扬的话："我是看您的电影、电视剧长大的！"这不是我所追求的，我将其视为观众对我的热爱、鞭策与鼓励。在艺术创作方面，我从来不"老王卖瓜，自卖自夸"，因为自吹自擂不是我的性格。我只爱心中的艺术，不爱艺术中的自己！本来每拍完一部作品或演出一部话剧，都应该做一次演员手记，总结自己创作中的收获与不足，为下一部戏做好创作上的准备，但由于时间、地点不断变化等原因，没有作为一项任务来对待，有时虽然作了一些记录，但今天看来很不完整和不系统。在我发愁如何继续写出自己的艺术生涯的时候，非常幸运，在整理资料时，我翻到了1981年9月第9期《戏剧与电影》杂志，有一篇专门对许忠全的艺术创作进行评价的文章，题为"永无止境的艺术之路"（图014-015），这篇文章使我感到喜出望外，它为我追回不少难忘的记忆。文章的两位作者是阿李和陆毅（图016），他们从文艺评论的角度撰写这篇文章，比较客观和实事求是。感谢作者对我在1981年以前的艺术人生进行了归纳与总结，从专业的视角和学术角度，对我所扮演的艺术形象和我的艺术生涯给予了充分的肯定。现摘录该文内容如下：

　　的确，在成千上万的观众中，能记起许忠全名字的人实在不多。然而事实上，凡是看

图 014　1981·《戏剧与电影》杂志·第 09 期·封面·p.27-32·介绍许忠全的文章《永无止境的艺术之路》

图 015　1981·《戏剧与电影》杂志·第 09 期·p.27

图 016　1974·与采访记者陆毅、阿李谈表演经历后合影

过他所扮演的角色的人，却又很难从自己的记忆中抹去他的形象。每当人们在大街上，商店里，或者是在乘坐公共汽车的时候，只要碰巧一抬头看见了他，那他们便会立即以一种十分熟悉的口吻称呼他 —— "奥尔贡" 或者 "马大车"。对于优秀的话剧、电影演员许忠全来说，这倒恰恰使他感到一种莫大的欣慰，因为正是这种称呼包含了一个演员极为珍视的艺术生命……

偶然？必然？

那时候的北京，凄凉、凋敝。在这座古

老的都城里，到处都可以看见一片片被低矮的土屋包围着的草地。这些散发着泥土芳香的小小"绿洲"，伴随着小羊倌许忠全度过了他的童年。每天破晓，幼小的许忠全便敲响了主人的院门，把羊群赶到草地去放牧。日复一日，年复一年，幼小的许忠全几乎走遍了北京城里每一片绿色草地。父母疼爱儿子，送他进了小学。从此，这个文盲之家，破天荒有了个拿羊鞭、打小工的读书郎。几年过去了，小羊倌也渐渐长大了。随着北京城的解放，许忠全度过了自己的童年，成了个学业全优的中学生。像许许多多的青少年一样，令人眩目的未来召唤着这个站在青春门槛上的小伙子，他暗自立下当个工程师的宏图大志。然而就连他自己也没有料到，命运却把他引上了另一条道路。年轻的许忠全抹着泪水看完了电影《白毛女》。对于一个生长于劳动人民之中的小青年来说，《白毛女》无疑就是一颗燃烧的火种，一瞬之间可以点起他那感情的火焰。

所不同的是，在许忠全心中，《白毛女》却同时点燃了另一堆干柴——他呆呆地走在散去的观众中间，默默想着："我也要演大春！我也要演我们穷人！""我要演大春！"像颗艺术的种子牢牢地在许忠全年轻的心中扎下了根。他一遍、两遍、三遍……十几遍地看了《白毛女》，《白毛女》终于把这个浑身都着了火的小青年，带进了一个崭新的天地。从此，许忠全变成了一个小戏迷，他省下做零工挣来的钱，连根冰棍也舍不得吃，通通用来买了戏票。人们经常可以看到，有一个傻呼呼的孩子，总是在观众们还在入场的时候，便已经蹲在剧场售票处的窗口下，等着买第二天早上戏票了……当许忠全今天回忆起那段有趣的往事时，还清楚地记得，单是北京人艺演出的《雷雨》一个戏，他就先后看了四十场！17岁的许忠全如痴如醉地在艺术的门外徘徊，他吟诵着一段段精彩的台词，模仿着各式人物的动作——一切为了"我要演大春"！种瓜得瓜，种豆得豆。1955年，许忠全高中毕业，正好遇上了中央戏剧学院招生，他揣着一颗怦怦乱跳的心，一遍又一遍地看着招生广告，又揣着一颗怦怦乱跳的心走进了陌生而又严肃的考场。在所有应试的考生中，许忠全并不是那么外貌非凡，然而他的镇静却是超群众的，他一心想着"我要演大春"，这使他无意识中获得了一个演员所必须具备的"自信"。"许忠全！""到。""你现在随着这段音乐的旋律，作一段小品。最好能按着音乐的节奏和情绪表现一段生活中的一组动作。"音乐开始了，它的旋律是那样抒情，那么悠扬——许忠全在一瞬间回到了他童年的时代，他躺在那绿色的草地上，望着天空中飘浮而过的朵朵白云。呵，白云，你多么像我的羊群，——突然，音乐出现了欢快的节奏，许忠全仿佛看见了一只蹦蹦跳跳的蚂蚱，他在草地上扑呀、捉呀……音乐又出现了，那么抒情，那么悠扬，许忠全放了蚂蚱，蚂蚱自由自在地蹦跳着消失在草丛中，许忠全偎依着一只羊，轻轻地笑了……

一个多月以后，许忠全接到了录取通知书，跨进了中央戏剧学院的大门。

亲爱的朋友们，当你们看见一个出生在"文盲之家"的小羊倌，竟大步跨入了艺术院校之门，不觉得有些偶然吗？

但我相信，当你们细细回想这个穷孩子的心里翻腾着怎样的浪潮；他纯真的追求有多么执着；他为了自己的理想付出的又是什么，那你们就不会感到奇怪了。因为世间的事大体如此：艰苦的环境，更容易培养出勤奋好学的精神，而勤奋好学又总是孕育着成功。也许，这就是偶然之中的必然吧！

终点？起点？

对于一个珍惜艺术生命的人，"终点"的同义词永远只有一个，那就是——"起点"。刚刚以优胜者的姿态冲过终点线，还在喘着一口口大气的许忠全，立即又焦躁不安地站在新的起跑线上了。当他一听到起跑的口令，便又一头冲了出去。在中央戏剧学院这个艺术的摇篮里，许忠全像个贪婪的"婴儿"，一刻不停地张着稚嫩的小嘴，吮吸艺术的乳汁！他把整个身心都融入了艰苦的学习，从台词、表演到形体，从小品练习到片断排练，没有一门功课他不是"豁出命"去完成的。

三年过去了，然而对于一颗被艺术创造的欲望燃烧着的心来说，三年实在是太漫长了！许忠全像一只羽翼未丰的雏燕，向着天空拍翅而起了。他先后在话剧《北京的明天》《快马加鞭》中扮演了一个朝气蓬勃的大学生和一个可爱而又书生气十足的青年技术员。没想到，这初展双翼的试飞，竟获得了意想不到的成功，他居然被人们公认为是"先天生就"的抒情小生。这可是个迷人的"美称"！然而许忠全却忧心忡忡："莫非我就注定只能演这种抒情小生了吗？难道我一起步就这样被定型了吗？"不！任何一个在表演艺术征程上跋涉的人都清楚地知道，"定型"便意味着艺术生命的完结！许忠全的心里有一个声音在呼喊：滚开吧，迷惑人的"美称"！我需要的绝不是你，而是我的艺术生命。只有艺术生命才永远是没有终止的！许忠全又主动地站到了新的起跑线上，他越过了熟路旧辙，把作一个"性格演员"当作了自己的最高目标。他自选扮演《十六条枪》里的汉奸黄月亭。这样，人们又以为许忠全是块演汉奸的"料子"！紧接着他又扮演了《桃花扇》中的阮大铖，更加巩固了他这个"汉奸"的名声。1959年，许忠全带着"抒情小生"和"古今汉奸"这两个截然相反的称号毕业了，并留校当了表演教师。

这时，在艺术天地里不知疲倦，永远进攻的许忠全又冲进了另一块天地。由于他成功地塑造了话剧《为了六十一个阶级弟兄》里的一个县委书记、《焦裕禄》中的老贫农肖未分等朴素的人物形象，因而又被人们认定是一个扮演纯朴的"乡土老生"的专门材料。

正当许忠全一边从事教学，一边酝酿再一次站在一条新的起跑线上时，十年动乱发生了，彻底剥夺了他艺术创作的权利——他沉入了噩梦般的世界……然而，对许忠全来说，只要

生命还存在，那一终点就永远是起点！

偶然？必然？

一个大的停顿往往孕育着一个大的飞跃。许忠全在几年的沉默之后，一跃登上了影坛。也就是从这时开始，他和全国的广大观众结下了不解之缘。这，看来似乎又是一个偶然，然而它又实实在在是一个必然的结果。正在排演话剧的许忠全，突然接到一个紧急通知：立即赶赴外景拍摄地替补一个生病的演员。许忠全就这样被一掌推到了起跑线上。他来到了外景拍摄地，见到导演的第一句话是："我不试戏，行就行，不行就拉倒。"导演笑着答应了，可心里却抹不掉那个大大的问号——他，一个从没上过银幕的话剧演员……

为了试试这个一开口就不留余地的演员究竟有多大的能耐，导演便专门从剧本中挑出了一段难度相当大的戏让许忠全即兴表演，并提出了一个同样不留余地的要求："表演时间必须正好卡在45秒钟。时间演长了，说明你节奏慢了；时间没演够，说明你吃戏。"许忠全一句话没说，走开了。他心里暗自想到："要是戏演下来正好是45秒，那我佩服你；要是时间不对头，那我看你这个导演也没本事！"许忠全自信地抬起头，对导演叫道："来吧！"摄影机对准了许忠全，导演一声令下，同时捏响了手里的秒表。这时的许忠全已经完全忘掉了自己身边那些严密监视着他的仪器和眼睛，进入了艰苦的创作。摄影机推近又拉开；那只"刻薄"的秒表在嘀嗒、嘀嗒地数着时间；导演严厉的目光在他和秒表之间来回闪动；一旁围观的工作人员个个都屏住了呼吸……。

最后一句台词到了，"停！"导演挥手大叫一声。所有的人都围上来了，他们一个个涨红着脸，目光都一齐射向导演手上那只无情的秒表——呵！长长的指针竟不偏不差地压在那个"决定命运"的刻度上！有的人很兴奋，有的简直连一句话也说不上来。瘫坐在石墩上的许忠全，像个奔赴考场的学生一样，抹去满头的汗珠，傻呼呼地乐了。

对于这件事，人们一定会想：太偶然了。那么，让我们回过头去看看在这次试拍之前所发生的事情吧。

许忠全到达拍摄地之后，导演给了他几天阅读剧本和体验角色的时间。他争分夺秒，在短短的几天里，阅读了原著，又走村串户，到生活的源泉中去寻求自己塑造角色的第一手材料。每当夜幕降临，他便开始伏案就笔，记下观察人物的笔记，撰写角色的自传；精心设计角色体现个性的种种外部动作；反复捉摸每句台词的含义……。

当我们再一次回过头去，看看许忠全从放羊娃到话剧演员，从舞台到银幕这条艰难的路上所留下的一个一个的脚印，难道不可以从中悟出勤奋好学，往往孕育着成功的道理吗？

终点？起点？

当人们还在津津乐道地谈论着许忠全创造的银幕形象演得如何之"绝"的时候，他又

把目光转向另一个方向：喜剧！要成为一个性格演员，不仅要能演各种不同的角色，还要能演不同体裁和不同风格的戏。这一次，许忠全盯上了莫里哀的喜剧《伪君子》，并决定扮演一个极其愚蠢可笑的贵族信士奥尔贡。扮演一个外国喜剧人物对许忠全来说，当然又是一个新的起点。《伪君子》的上演是成功的，而许忠全所扮演的奥尔贡也的确为这个戏的成功增色不少。每当奥尔贡出现在观众面前，笑的声浪就连连向舞台涌来。他的一个手势，一句台词，都引起了观众强烈的反应。尤其是当这个蠢笨之至的虔诚信士，为了要证实伪君子达尔丢夫确实有勾引自己妻子的丑行，而钻到桌子下面去进行窥视时，整个剧场便成了笑的海洋。应该说许忠全在艺术的道路上，正处在一个十字路口，剧场热烈的效果使他陷入了严厉的自我批判中。他对他的朋友、同事、学生、爱人反反复复地讲："喜剧是广大观众所喜爱的一种艺术形态，他们爱喜剧绝不是为了一笑了之，而是希望在笑声中得到深刻的思想寓意。用追求噱头赢得笑声是最容易不过的，然而也是最廉价的！我把奥尔贡演的太闹了……不行！喜剧就是喜剧，它既不是闹剧，更不是相声剧和滑稽戏。我们必须想想，在笑声中究竟要给观众一些什么？这是我们演员的责任！"许忠全从总结这次演出的得失入手，开始钻进了对喜剧表演的研究。这时，有人劝告许忠全："许忠全，你该心安理得了，就好好演你的反派角色吧。"面对好心人的劝告，许忠全暗下决心："我就不信，我就偏要演个喜剧的正面人物来看看！"机会，好像总是为有心人安排的。正当许忠全决心探索喜剧表演艺术规律时，上海电影制片厂《车水马龙》摄制组邀请他扮演男一号——马大车的消息传来了。许忠全欣然接受了这个任务，又开始了一次新的探索。许忠全和整个摄制组遇到的第一个大难题是剧本先天不足的问题，怎么办呢？许忠全同导演、演员们一起投入了艰苦的修补工作。他认为，一个演员的职责绝不是当一个"表演机器"，而应该是进行创造，而创造是没有限制的。他一边参加剧本的修改，一边以巨大的热情投入了体验生活和分析角色的工作。他心里十分清楚，当一个演员遇到了必须由"人保戏"的剧本时，演员的创造便成了影、视、剧成败的关键。许忠全开始潜心于人物性格的分析和形象的塑造，并决心将自己正在研究的"含蓄"的喜剧表演方式运用到这一次的创造中来，力图以丰满而生动的喜剧人物形象去弥补剧本的先天不足。许忠全穿上一身中式褂子到车把式中间"泡"去了。他用粗嘶的嗓音唱着京郊农民所喜好的评戏，和车把式们结成了"好哥们"。泡了一段时间，许忠全终于成了一个难辨真伪的车把式。他为马大车性格归结了傲、倔、粗、灵的基调。这绝不是许忠全随意凭空臆断的。仅仅为了剧中马大车"燕王扫北建都北京城——是明朝"一句台词，他便设想了一段马大车赶车进城，在说书场摇头晃脑听说书的风趣表演故事。许忠全主张挖掘人物性格中那种潜在的喜剧因素。以含蓄幽默和真实纯朴的表演，获得尽可能有意义的喜剧效果，要在引起观众畅然大笑的同时，使观众窥

见人物的内在性格，得到具有思想寓意的启示。

许忠全对电影《车水马龙》全片中的四百多个镜头逐一进行了分析；把角色在特定情境中内心活动的情绪、性格特征在瞬间里的独特表现方式作了精心的设计和练习，力图给观众留下鲜明、具体的印象，从而克服某些影片每个近景和特写都千篇一律的通病。这便是一个具有艺术生命和艺术责任感的演员的创造！为了这样的创造，许忠全愿意付出呕心沥血的代价。影片开拍了，许忠全的创造热情和主动精神是令人叹服的。他在表现马大车去公路上鞭打自行车运动员，而自己也同时从两个正在飞转着的车轮中间摔下来那段戏时，设计了这样的动作：他在大车上，向正从车旁飞驰而过的自行车运动员抽去一鞭，结果鞭子缠在了运动员身上，因而把他从大车上拖了下来。这时，他一个空翻落地，滚进了两个正在飞转着的车轮中间，又在一两秒钟之间从车轮后面爬了出来。这样一来，既使观众看到了一个惊心动魄的逼真场面，同时又产生了强烈的喜剧效果。然而，可有人想到过许忠全为了这个动作所冒的巨大危险？可有人知道他在半年之后胳膊还在阵阵地疼痛？在京郊公路上拍片，引来了很多过往人的围观。群众向一大队马车拥了过来，不少人直接跑到了许忠全跟前，向他打听，究竟谁是演员。许忠全诚恳老实地指了指后面的车吧式，说"除了我不是，他们都是。"人们朝后面的大车跑了过去，而许忠全却独自乐滋滋地笑了。《车水马龙》的试映仪式在四季青人民公社举行了。沸腾的人海，欢笑的浪潮。许忠全和车把式们挽着胳膊搂着肩，又和哥们聊天了，他们是那么自然，那么亲热，如水乳交融，不能分离。"马大车"被农民兄弟承认了，这对许忠全来说，其意义远远胜过了某些空泛的评论。他是幸福的，然而他却始终认定，那最大的幸福永远在于未来的创造。他又开始对"马大车"形象塑造的得失进行总结："我一味地想把每个镜头的戏都演足，可现在看来，都足也就都不足了。马大车被我演平了！唉，艺术的对比到哪儿去了？对，千万记住——艺术的对比！"

没有结束的结束语

在《车水马龙》之后，许忠全又紧接着在影片《伤逝》中扮演了一个带有浓厚的资本主义色彩的封建家长——子君的叔父。对于这个形象的成败，还是让我们等到影片上映之后，留待观众自己品评吧。多年来，许忠全因为自己默默无闻的园丁工作，不知牺牲了多少出头露面的机会。然而由一个放羊娃成长起来的演员许忠全从无怨言，因为他个人的奋斗目标，是永远和祖国的需要密切相连的。生命就是生命，它无论出现在哪里，就会在哪里发出夺目的光彩。

教学经历

图 017　1959·大学毕业照

我于 1955 年考入中央戏剧学院表演系，1959 年大学本科毕业。留校后，担任表演系表演专业教学工作。（图 017）1960 年上半年，在老教师带领下，我参加了表演系 60 班华东区的招生考试工作，在此期间学习和掌握了选拔考生的系统知识。从一试到最后录取是一个严肃、认真、对考生的前途负责的工作，老教员们一丝不苟的工作态度，深深地教育了我，给我为 60 班的表演技巧课教学打下了良好的基础。我在老教师的帮助下，于 1960 年的下半年，参加了 60 班的表演教学工作，并担任了副班主任。我编写了教材《演员的想象力》，在全班表演大课中进行了讲授。在 60 班任课的同时，还担任了表演系 59 班和导演系 59 班的台词分组教学。1964 年至 1965 年，因参加四季青公社和山西省昔阳县四清工作，表演教学中断。1965 年筹组内蒙班的招生和教学工作。1966 年因文革而停课。1972 年由解放军大学营返回学院，由严正老师带领我和冯明义老师共同组成中央五七艺术大学戏剧学院表演系的筹组工作。1973 年在东北三省招考工农兵学员，并担任该班的教学工作。1974 年吴天明任班长

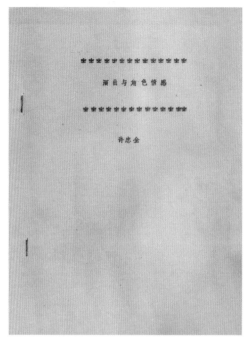

图018 1979·许忠全著《演员与角色情感》

的表导进修班与表演系老师合作排练了话剧《杜鹃山》。我在该剧中扮演雷刚，冯明义扮演李石坚，钱学格扮演郑老万，刘诗兵扮演杜小山……1974年临时抽调参加工农兵学员74班的招生，并于1977年参加了该班话剧《南海长城》的部分教学与排练工作。1979年至1981年参加表演师资进修班的招生和教学工作，并担任该班的班主任。由徐步、许忠全、银国春联合导演了该班的毕业剧目意大利剧作家哥尔多尼的话剧《女店主》，公演后获得观众的好评。在此期间我编写了教材《角色情感》《表演艺术的假定性》《规定情境在表演艺术中的重要作用》。1982年去新疆招生并担任该班的主讲教师。编写了教材《演员的基础修养》。1994年再次去新疆招生，并担任了该班一年级小品练习阶段的教学工作。（图018-021）

图019 1986·许忠全著《浅谈电影、电视、话剧表演艺术的融通性》

图020 1995·许忠全著《浅谈演员的素质与表演艺术》

图021 1995·许忠全著《演员创造角色》

学习和工作期间演出的话剧

1.《入学第一天》小品——饰新生，1955 （图022-023）

2.《青年近卫军》片段——饰邱列宁，1956

3.《契尔卡什》片段——饰青年，1956 （图024）

4.《飞来的新娘子》片段——饰丈夫，1956 （图025-27）

5.《三里湾——饰满喜，1956

6.《反翻把斗争》—— 饰村民，1956 （图028-029）

7.《我成一少年》—— 饰少年，1956 （图030-032）

8.《暴风骤雨》片段——饰韩长脖，1956 （图033-035）

9.《十六条枪》——饰黄月亭，1956 （图036-037）

10.《快马加鞭》——饰苏代英，1958 （图038-041）

11.《北京的明天》——饰大学生，1958

12.《党的女儿》——饰交通员小程，1958 （图042-044）

13.《伪君子》——饰克雷央特，1958 （图045）

14.《人民第一堡垒》——饰党支部书记韩德足，1959（图046-050）

15.《全家福》——饰警察，1959 （图051-053）

16.《桃花扇》——饰阮大铖，1959 （图054-059）

17.《为了六十一个阶级弟兄》——饰县委书记，1960 （图060-062）

18.《箭杆河边》——饰二赖子，1964

19.《山花烂漫》——饰村长，1964

20.《焦裕禄》——饰青大爷，1965 （图063-064）

21.《五洲风雷》——饰黑人大叔，1966 （图065-067）

22.《杜鹃山》——饰雷刚，1974 （图068-070）

23.《伪君子》——饰奥尔贡，1977 （图071-091）

24.《救救她》——饰李小霞的爸爸，1978 （图092-094）

图022 1955·小品《入学第一天》，中　　图023 1955·小品《入学第一天》，右

图024 1956·《契尔卡什》，中

图025 1956·《飞来的新娘子》，饰河野，左　图026 1956·《飞来的新娘子》，饰河野，左　图027 1956·《飞来的新娘子》，饰河野，左二

許氏資料收藏

图 028　1956·《反翻把斗争》，前排右

图 029　1956·《反翻把斗争》

图 030　1956·《我成一少年》，左

图 031　1956·《我成一少年》，中

图 032 1956·《我成一少年》，右

图 034　1956·片段《暴风骤雨》，饰韩长脖，右

图 033　1956·片段《暴风骤雨》，饰韩长脖，左

图 035　1956·片段《暴风骤雨》，饰韩长脖，右

图 036　1956·《十六条枪》，饰黄月亭，左一

图 037　1956·《十六条枪》，饰黄月亭，右三

图038 1958·《快马加鞭》，饰青年技术员苏代英，左

图039 1958·《快马加鞭》，饰青年技术员苏代英，右三

图040 1958·《快马加鞭》，饰青年技术员苏代英，前排右五

图041 1958·《快马加鞭》，饰青年技术员苏代英，前排右三

图042 1958·《党的女儿》，饰交通员小程，左

图043 1958·《党的女儿》，饰交通员小程，右一

图044 1958·《党的女儿》，饰交通员小程，右一

图 046 1959·《人民第一堡垒》，饰村长，右一

图 045 1958·《伪君子》，饰克雷央特　　图 047 1959·《人民第一堡垒》，饰村长，左一

图 048 1959·《人民第一堡垒》，饰村长，左二　　图 049 1959·《人民第一堡垒》，饰村长，左三

图050　1959·《人民第一堡垒》，饰村长，前排右三旗手

图051　1959·《全家福》，饰民警，中

图052　1959·《全家福》，饰民警，右二

图053　1959·《全家福》，饰民警，后排左一

图 054　1959·《桃花扇》，饰阮大铖，右

图 056　1959·《桃花扇》，饰阮大铖，右一

图 055　1959·《桃花扇》，饰阮大铖，右一

图 057　1959·《桃花扇》，饰阮大铖，右

图 058　1959·《桃花扇》，饰阮大铖，右

图 059　1959·《桃花扇》，饰阮大铖，左三

图 060　1960·《为了六十一个阶级弟兄》，饰县委书记，右三

图 061　1960·《为了六十一个阶级弟兄》，饰县委书记，右二

图 062　1960·《为了六十一个阶级弟兄》，饰县委书记，前排中

图063 1965·《焦裕禄》，饰青大爷，左二　图064 1965·《焦裕禄》，饰青大爷，左二

图065 1966·《五洲风雷》，饰黑人大叔，左

图066 1966·《五洲风雷》，饰黑人大叔，左

图067 1966·《五洲风雷》，饰黑人大叔，左

图068 1974·《杜鹃山》，饰雷刚　图069 1974·《杜鹃山》，饰雷刚，右一

图 070　1974·《杜鹃山》，饰雷刚，左四

图 071　1977·《伪君子》，饰奥尔贡

图 072　1977·《伪君子》，饰奥尔贡，右一

图073 1977·《伪君子》，饰奥尔贡。左

图074 1977·《伪君子》，饰奥尔贡，左

图075 1977·《伪君子》，饰奥尔贡

图076 1977·《伪君子》，饰奥尔贡，右

图077 1977·《伪君子》，饰奥尔贡，右

图 078　1977·《伪君子》，饰奥尔贡，右

图 079　1977·《伪君子》，饰奥尔贡，左

图 080　1977·《伪君子》，饰奥尔贡，右一

图 081　1977·《伪君子》，饰奥尔贡

图 082　1977·《伪君子》，饰奥尔贡，右

图 083　1977·《伪君子》，饰奥尔贡，左

图084　1977·《伪君子》，饰奥尔贡，左。

图085　1977·《伪君子》，饰奥尔贡，右

图086　1977·《伪君子》，饰奥尔贡

图087　1977·《伪君子》，饰奥尔贡，左

图088　1977·《伪君子》，饰奥尔贡，左二

图089　1977·《伪君子》，饰奥尔贡，左二

图090　1977·《伪君子》，饰奥尔贡，右一

許氏资料收藏

图091　1977·《伪君子》，饰奥尔贡，左三

图 092　1978·《救救她》，饰李小霞的爸爸，右一

图 093　1978·《救救她》，饰李小霞的爸爸，左一

图 094　1978·《救救她》，饰李小霞的爸爸，左一

图 095　1958·周恩来总理与中戏学生合影，后排左二

　　在 20 世纪 50 年代，话剧舞台表演十分活跃，一般观众一票难求。作为中央戏剧学院表演系的学生，我们的舞台表演机会很多，不仅得到不少艺术前辈和老师的关心和帮助，并且经常有党和国家领导人前来观摩我们的演出，当年周恩来总理和陈毅副总理就不断到我们的实验剧场观看演出，演出后总是高兴地和演员们合影留念，他们给予我们的关怀和鼓励令我终生难忘。（图 095-099）

图 096　1958·周恩来总理和李伯昭院长与 55 表演班学生合影，站立者第三排左二

图 097　1958·陈毅副总理与中戏学生合影，后排中

图 098 1958·中戏 55 班学生合影，中排站立者左一

图 099 1958·中戏 55 班学生合影，后排右一

我的大学生活是在舞台上摸爬滚打中度过的，我和同学们互帮互学，亲如兄弟姐妹，毕业演出是在四川重庆，演出的成功给我留下美好的回忆。（图100-103）工作以后不久就赶上了各种政治运动，包括到山西昔阳县参加四清运动和以后的十年"文化大革命"，舞台表演中断了七八年，但比起其他遭受不白之冤的老艺术家们，我们应该是幸运的。（图104-105）

图100 1958·与同学合影，左一

图101 1958·与同学合影，前排右二

图102 1959·与同学邵阶在重庆沙坪坝工农剧场外，右

图 103　1959·与同学在重庆运布景装台演出，左二

图 104　1964·在山西昔阳县，第二排右一

图 105　1964·在山西昔阳县，第二排右三

拍过的电影

1.《金光大道》——饰冯少怀，上集，长春电影制片厂，1974 （图 106-109）

2.《金光大道》——饰冯少怀，中集，长春电影制片厂，1975 （图 110-112）

3.《车水马龙》——饰马大车，上海电影制片厂，1980 （图 113-125）

4.《伤逝》——饰子君叔父，北京电影制片厂，1981 （图 126）

5.《邻居》——饰喜凤年，北京青年电影制片厂，1981 （图 127-139）

6.《来了个男子汉》——饰王云贵，河南电影制片厂，1984

7.《吉他回旋曲》——分饰村长和电视台编剧，广西电影制片厂，1986 （图 140-153）

8.《福尔摩斯与中国女侠》——饰华生，北京电影制片厂，1987 （图 154）

9.《鬼仙沟》——饰程大喇叭，长春电影制片厂，1988 （图 155-164）

10.《面目全非》——饰经理，阿满江西电影制片厂，1990 （图 165-174）

11.《高朋满座》——饰严局长，长春电影制片厂，1991 （图 175-189）

12.《赵百万梦幻曲》——饰赵百万，长春电影制片厂，1991 （图 190-196）

13.《保镖哈斯尔》——饰船长，福建电影制片厂，1992（图 197-200）

14.《大决战——平津战役》——饰董其武，八一电影制片厂，1992 （图 201-202）

　　1974年和1975年拍摄的电影《金光大道》上、中集，当时是长春电影制片厂的重点影片。我在电影《金光大道》里扮演"冯少怀"，一些朋友很为我担心，他们觉得我很少演反派角色，认为我眼睛里没"坏水"，如果演了肯定失败。我知道这是朋友真正的关心和好心相劝，当时我也很忐忑不安，因为我刚演完话剧《杜鹃山》，我扮演英雄人物"雷刚"。《杜鹃山》经过教学与排练，使我不断认同所扮演的人物特征，在舞台上和生活里都刻意表现出"雷刚"的特色，既魁梧、粗犷，又充满力度。角色的语言、形体自我感觉都是"雷刚式"的。当面临即将扮演与"雷刚"截然不同的反面人物，要表现一个农村里表面上老老实实，实际上想方设法与互助组对着干的漏划富农"冯少怀"，我该怎么办？只有在短时间内尽快向生活学习，从生活中找感觉。首先，我把"雷刚"的形体自我感觉，也就是京剧花脸式的形体动作力度，拉到现实生活中来；其次，尽快去掉"雷刚"语言上的"朗诵式""大嗓门"，

图107　1974·《金光大道》上集，长春电影制片厂，饰冯少怀

图106　1974·《金光大道》上集，长春电影制片厂，饰冯少怀

图108　1974·《金光大道》上集，长春电影制片厂，饰冯少怀，右

使"雷刚式"的舞台语言转化为说普通话，也就是使角色台词像生活里说话一样，从而使语言更现实、更自然和更生活，把现实生活形态式的舞台表演移植到电影的拍摄中来。另外，我最大的负担，是我长期从事表演教学，在生活中，无论是一举一动，还是言谈话语之间，有意无意，都流露出知识分子那种教书匠的味道。为此，我请求摄制组给我一段时间，在拍摄前下生活，熟悉农村，熟悉农民，与农民同吃、同住、同劳动。我特别感谢顺义、昌平和海淀四季青公社的父老乡亲们给予的热心帮助，他们手把手地教我干农活，特别是车把式们无私的帮助，使自己身心尽快增多一些农民气质。在创造"冯少怀"这个角色的过程中，这些农民的生活体验使人物的内部性格特征和外部性格特征更加"农业化"，使"冯少怀"一举手、一投足、一说话，都带有农村味儿，让"冯少怀"的外部形象丰富多彩，也使其内心生活更加充实饱满。我们经常比喻：演员与角色的关系是"恋爱与结婚"的关系。也就是演员做好案头分析工作，要熟悉角色、理解角色、热爱角色，在此基础上接近角色，

图109　1974·《金光大道》上集，长春电影制片厂·剧组合影，中排左二

寻找到角色的自我感觉，最后完成性格鲜明的形象创造。也许因为这是自己第一次拍电影，我为此做足了功课，编写了"冯少怀"的《角色自传》；统计了"冯少怀"在整部影片中共有多少特写，多少近景，多少中景，多少人全，多少全景，多少大全景，多少大远景等；把"冯少怀"在每个镜头里的规定情境、动作、任务分析清楚，做到心中有数。不管导演先拍"冯少怀"的哪场戏，哪个镜头，我心里都很明白，更容易和更迅速的"入戏"，为导演的非连续性拍摄打下了基础。有时拍摄现场很忙乱，服装、化妆、道具、摄影、录音、灯光、导演、演员……，各个部门都在同一时空环境里工作，各个部门在实拍时，又对演员提出各不相同的要求：灯光要求头不要太低，否则就没光了；摄影要求道具拿高一点儿，否则镜头就带不上道具了；服装要求第一个扣子原来是解开的，否则与上个镜头不接了……，等等。这一系列的要求，虽然都是技术性的，如果演员没准备，那肯定要让各部门牵着鼻子走。我知道作为演员创造角色，一定要首先认真研究剧本，充分了解导演阐述，在自己创造角色时，要保持头脑清醒，身心都在角色的规定情境中，准确把握角色的自我感觉，做到这些，拍摄时才能胸有成竹。通过理论联系实际，我克服了重重困难，终于成功完成了"冯少怀"的角色塑造。

图110 1975·《金光大道》中集,长春电影制片厂, 饰冯少怀,右

图111 1975·《金光大道》中集,长春电影制片厂, 饰冯少怀,左

图112 1975·《金光大道》中集,长春电影制片厂·剧组合影,后排右一

1980年正式开机拍摄电影《车水马龙》之前，我已经跟车把式孙师傅学赶车有一个月了，对于这个陌生的行当，我必须从头学起，每天要背诵对牲口的口令："咦……！咦……！是向左"，"我……！我……！是向右"，"于……！于……！是停车"。有一天，我正在河边小路上练习口令和熟悉赶车，忽然车后30米左右跑过来一条大黄狗，狂吠着直奔大车扑来。这时牲口有点儿不安，大车已经往河边靠了，我更有些惊慌，此时马已经前蹄下水，如不拦住，车、马、人都要翻到河里。说时迟那时快，我脑子里口令不知是该说"咦"呢？还是说"我"呢？于是我大声喊叫"我！……我！……"怎么越喊"我"，车越往下滑朝河心走，哎呀！眼看没救了，忽然岸上有人大声疾呼"于……！于……！"此时马不动了，右轮子已一半下水了。我的心脏急速地快跳到嗓子眼儿

图113　1980·《车水马龙》，上海电影制片厂，饰马大车，订妆照

图114　1980·《车水马龙》，上海电影制片厂，饰马大车，前排右一

图115　1980·《车水马龙》，上海电影制片厂，饰马大车，右一

彩色故事片
《车水马龙》

六、马大车拉着一车西瓜硬要往城里闯，民警
严肃地说："马车不准进城。"

上 海 电 影 制 片 厂 摄 制
中国电影发行放映公司发行
許氏資料收藏

图 116　1980·《车水马龙》，上海电影制片厂，饰马大车，左

图 117　1980·《车水马龙》，上海电影制片厂，饰马大车，右

图 118　1980·《车水马龙》，上海电影制片厂，饰马大车，右

图 119　1980·《车水马龙》，上海电影制片厂，饰马大车，右

了，好像自己都听到了嘭嘭的心跳声。此时一位老大爷跑到岸边对我说："你怎么往河里赶车呢？"我说："是大黄狗边扑边叫，我越喊'我……！我……！'大车越往河里走。"大爷说："你应该喊'于……！于……！'车就停了。"这时候我才恍然大悟，我一跺脚说："嗨！……大爷我喊错口令了！我应该喊'咦……！咦……！'向左走也就是往怀里走就对了。"说着，大爷接过我的鞭子高声大喊："咦！咦！"车顺利地上了岸。此时的大黄狗早已经跑得无影无踪了。这回可好，电影还没开机，我先上演了一部微电影——惊险故事片《马大车赶车下河》！干脆更简单点儿，就叫《马大车跳河》吧！玩笑是玩笑，作为演员长期不接"地气"，不熟悉现实生活，就像鱼儿离开了水，瓜儿离开了秧一样，是拍不出好作品的。一段时间的深入生活，不仅使我学会了赶大车，我也交了一大批农民朋友，与其说是交朋友，还不如说是拜师。我从我的农民朋友——车把式们身上学到了什么叫质朴，什么叫真诚，什么叫掏心窝子……我也和摄制组各部门的同行们逐渐熟悉起来，从初次结识到相知，在不长的影片拍摄过程中，我们朝夕相处，很快成为互相关照、互相帮助的好朋友了。

图120　1980·《车水马龙》，上海电影制片厂，饰马大车，右一

图121　1980·《车水马龙》，上海电影制片厂，饰马大车，左

图122　1980·《车水马龙》，上海电影制片厂，饰马大车，左

图123　1980·《车水马龙》，上海电影制片厂，饰马大车，中

图 124　1980·《车水马龙》，上海电影制片厂·剧组合影，左四

图 125　1980·《车水马龙》，上海电影制片厂·剧组合影，二排左三

图126 1981·《伤逝》，北京电影制片厂，饰子君叔父，右一

图 127　1981·《邻居》，北京青年电影制片厂，饰喜凤年

图 128　1981·《邻居》，北京青年电影制片厂，饰喜凤年，后排左

图 129　1981·《邻居》，北京青年电影制片厂，饰喜凤年，左

图 130　1981·《邻居》，北京青年电影制片厂，饰喜凤年

图 131　1981·《邻居》，北京青年电影制片厂，饰喜凤年

图 132　1981·《邻居》，北京青年电影制片厂，饰喜凤年，中

图 133　1981·《邻居》，北京青年电影制片厂，饰喜凤年，中

图134 1981·《邻居》，北京青年电影制片厂，饰喜凤年，右一

图135 1981·《邻居》，北京青年电影制片厂，饰喜凤年，右

图136 1981·《邻居》，北京青年电影制片厂，饰喜凤年，左

图 137　1981·《邻居》，北京青年电影制片厂，饰喜凤年，左二

图 138　1981·《邻居》，北京
青年电影制片厂，饰喜凤年

图 139　1981·《邻居》，北京青年电影制片厂·颁发的《荣誉证书》

图140 1986·《吉他回旋曲》，广西电影制片厂，饰孟伟和村长两个角色，此为男一号电视台编剧孟伟

图141 1986·《吉他回旋曲》，广西电影制片厂，饰孟伟和村长两个角色，此为男一号电视台编剧孟伟

图142 1986·《吉他回旋曲》，广西电影制片厂，饰孟伟和村长两个角色，此为村长，右

图143 1986·《吉他回旋曲》，广西电影制片厂，饰孟伟和村长两个角色，此为村长，右

图144　1986·《吉他回旋曲》，广西电影制片厂，饰孟伟和村长两个角色，此为男一号电视台编剧孟伟，右二

图145　1986·《吉他回旋曲》，广西电影制片厂，饰孟伟和村长两个角色，此为村长，左

图146　1986·《吉他回旋曲》，广西电影制片厂，饰孟伟和村长两个角色，此为男一号电视台编剧孟伟，右三

图147 1986·《吉他回旋曲》，广西电影制片厂，饰孟伟和村长两个角色，此为村长，右

图148 1986·《吉他回旋曲》，广西电影制片厂，饰孟伟和村长两个角色，此为男一号电视台编剧孟伟，右一

图149 1986·《吉他回旋曲》，广西电影制片厂，饰孟伟和村长两个角色，男一号电视台编剧孟伟，右一

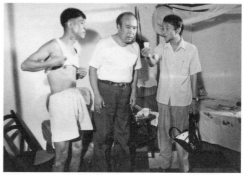

图150 1986·《吉他回旋曲》，广西电影制片厂，饰孟伟和村长两个角色，此为村长，中

图151 1986·《吉他回旋曲》，广西电影制片厂，饰孟伟和村长两个角色，此为男一号电视台编剧孟伟，左二

图 152　1986·《吉他回旋曲》，广西电影制片厂，饰孟伟和村长两个角色，此为村长，右

图 153　1986·《吉他回旋曲》，广西电影制片厂，饰孟伟和村长两个角色，此为村长，左

图 154　1987·《福尔摩斯与中国女侠》，北京电影制片厂，饰华生，左

图155　1988·《鬼仙沟》，长春电影制片厂，饰程大
喇叭

图156　1988·《鬼仙沟》，长春电影制片厂，
饰程大喇叭，右

图157　1988·《鬼仙沟》，长春电影制片厂，饰程大
喇叭，右

图158　1988·《鬼仙沟》，长春电影制片厂，
饰程大喇叭，中

图159　1988·《鬼仙沟》，长春电影制片厂，饰程大
喇叭，中

图160　1988·《鬼仙沟》，长春电影制片厂，
饰程大喇叭，中

許氏資料收藏

图 161　1988·《鬼仙沟》，长春电影制片厂，饰程大喇叭，右

图 162　1988·《鬼仙沟》，长春电影制片厂，饰程大喇叭，左二

图 163　1988·《鬼仙沟》，长春电影制片厂，饰程大喇叭，左一

图 164　1988·《鬼仙沟》，长春电影制片厂·剧组合影，二排左一

阿满喜剧系列影片（第12部）

面目全非

编剧 张刚
导演 张刚
摄影 张仁
美术 岳红刚
作曲 牛坚
主演：
仲星火 吴茜茜 何伟 徐雷 许全 董翎 岳红刚 张岑 张酷 张刚

某涉外公司潘总经理和接待科钟科长对外商总是满脸陪笑，对同胞百姓又是横眉竖眼。结果，铁青面孔凝固在潘总经理脸上，皮笑肉不笑的面孔又凝固在钟科长脸上。各大医院均束手无策。山村善医徐阿满舍己救人先后治好了他们的病，把一张皮笑肉不笑的面孔移在自己脸上。慈祥的老母亲疼爱儿子，又让这副面孔永远挂在自己的脸上⋯⋯

彩色故事片
峨眉电影制片厂
摄制

許氏資料收藏

图 165　1990·《面目全非》，阿满电影制片厂·《大众电影》杂志·第 01 期·电影《面目全非》介绍

图166 1990·《面目全非》，阿满电影制片厂，饰经理

图167 1990·《面目全非》，阿满电影制片厂，饰经理

图168 1990·《面目全非》，阿满电影制片厂，饰经理，中

图 169　1990·《面目全非》,阿满电影制片厂,饰经理,左

图 170　1990·《面目全非》,阿满电影制片厂,饰经理,左

图 171　1990·《面目全非》,阿满电影制片厂,饰经理,左

图 172　1990·《面目全非》,阿满电影制片厂,饰经理,右一

图 173　1990·《面目全非》,阿满电影制片厂,饰经理,左

图 174　1990·《面目全非》,阿满电影制片厂,饰经理,右一

图175　1991·《高朋满座》，长春电影制片厂，饰严局长

图176　1991·《高朋满座》，长春电影制片厂，饰严局长

图177　1991·《高朋满座》，长春电影制片厂，饰严局长，右

图178　1991·《高朋满座》，长春电影制片厂，饰严局长，中

图 179　1991·《高朋满座》，长春电影制片厂，饰严局长，中

图 180　1991·《高朋满座》，长春电影制片厂，饰严局长，中

图 181　1991·《高朋满座》，长春电影制片厂，饰严局长，左

图 182　1991·《高朋满座》，长春电影制片厂，饰严局长，左

图183　1991·《高朋满座》，长春电影制片厂，饰严局长，左三

图184　1991·《高朋满座》，长春电影制片厂，
饰严局长，中

图185　1991·《高朋满座》，长春电影制片厂，
饰严局长，左

图 186　1991·《高朋满座》，长春电影制片厂，剧组合影，前排左二

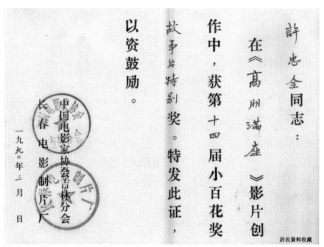

许忠全同志：

在《高朋满座》影片创作中，获第十四届小百花奖故事片特别奖。特发此证，以资鼓励。

中国电影家协会吉林分会
长春电影制片厂

一九九二年三月 日

許氏资料收藏

图187 1991·《高朋满座》，长春电影制片厂·获奖证书

图188 1991·《高朋满座》，长春电影制片厂·海报

图189 1991·《高朋满座》，长春电影制片厂·海报

74

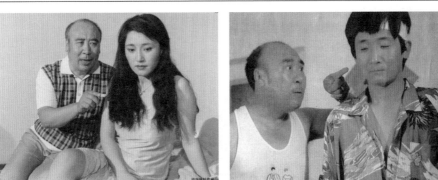

图190　1991·《赵百万梦幻曲》，长春电影制片厂，饰赵百万，左

图191　1991·《赵百万梦幻曲》，长春电影制片厂，饰赵百万，左

图192　1991·《赵百万梦幻曲》，长春电影制片厂，饰赵百万，左

图193　1991·《赵百万梦幻曲》，长春电影制片厂，饰赵百万，中

图194　1991·《赵百万梦幻曲》，长春电影制片厂，饰赵百万，右

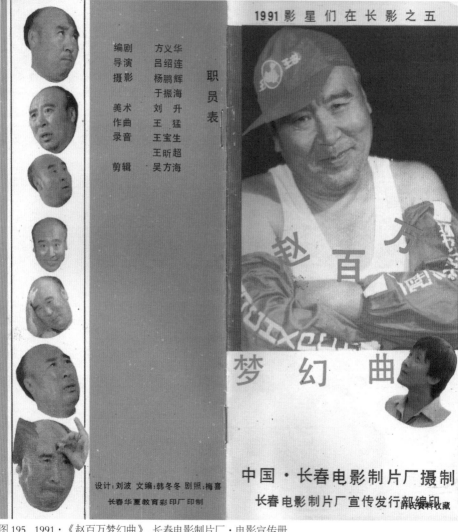

职员表

编剧	方义华
导演	吕绍连
摄影	杨鹏辉
	于振海
美术	刘升
作曲	王猛
录音	王宝生
	王昕超
剪辑	吴方海

1991 影星们在长影之五

中国·长春电影制片厂摄制

长春电影制片厂宣传发行部编印

设计：刘波 文编：韩冬冬 剧照：梅喜

长春华夏教育影印厂印制

图 195 1991·《赵百万梦幻曲》，长春电影制片厂·电影宣传册

刘 伟

许忠全

张晓玲

演员表

剧中人	扮演者
赵百万	许忠全
杨晓波	刘 伟
赵丰登	梁 天
吴素娟	张晓玲
戴 冰	张淑敏

梁
天

主要演员介绍

许忠全　56岁，1959年毕业于中央戏剧学院表演系，留校任教至今，现任表演系副教授。曾在《金光大道》、《鬼仙沟》、《伤逝》、《高朋满座》、《戒棋》、《苦乐年华》等数十部影视片中担任重要角色。

刘伟　32岁，相声演员（中国广播艺术团）。1986年至今表演相声百余段，曾在潇湘电影制片厂拍摄的喜剧影片《笑破情网》中担任主要角色。

梁天　32岁，青年电影制片厂演员。在《二子开店》、《顽主》、《本命年》、《斗鸡》、《老店》、《龙年警官》、《烈火金钢》等十多部影片中均有上佳表演，并三次荣获"大众电影百花奖最佳男配角"提名。

张晓玲　22岁，沈阳部队前进话剧团演员，曾主演过话剧《太后下嫁》、《大裁军》及电视剧《岳飞》等。

許氏資料收藏

图196　1991·《赵百万梦幻曲》，长春电影制片厂·电影宣传册

图197 1992·《保镖哈斯尔》，福建电影制片厂，饰船长

图198　1992·《保镖哈斯尔》，福建电影制片厂，饰船长

图199　1992·《保镖哈斯尔》，福建电影制片厂，饰船长，左

許氏資料收藏

图200　1992·《保镖哈斯尔》，福建电影制片厂，饰船长，中

許氏资料收藏

图201　1992·《平津战役》，八一电影制片厂，饰董其武

中　國
人民解放軍

許氏資料收藏

图 202　1992·《平津战役》，八一电影制片厂，饰董其武

马大车与北京郊区

影片《车水马龙》中马大车扮演者 许忠全

我演《车水马龙》中的马大车，北京郊区人民曾经给了我巨大的生活"营养"。

为了让八亿农民看到反映自己生活的影片，丰富农村文化生活，我很高兴地接受了上影让我扮演马大车的任务。但是，我本人和马大车有较大的距离：马大车从十八岁就开始赶大车，是赶了三十二年车的车把式，而我是从十八岁就上大学，至今仍是大学的讲师，我知识分子味道很浓，举止行为、言谈话语都是文诌诌的；我是不抽烟的，而马大车不但抽烟，还抽烟袋锅儿；我平时最怕骡马牲口，不敢接近它们，而马大车是成天跟牲口打交道，他身强力壮，说起话来瓮声瓮气，走路姿态象个摔跤手。如何缩短我和角色的距离呢？只有深入生活。好在我是北京人，从青年时代起就不断到北京郊区，接触过不少郊区社员。短暂的农村生活以及社员朋友的热情、爽朗，干活时的洒脱劲儿，这些都是我创造马大车这个农民形象的宝贵素材。但是我跟车把式交往较少。尽管我创造《金光大道》冯少怀时，积累了一些经验，可是他与马大车又绝然不同。多亏了海淀区四季青公社的车把式们，他们耐心帮助我学赶车，先用小毛驴练，由小到大，最后我终于不怕骡马了。影片开拍前夕，我正赶着大车练习时，收工的社员真以为我是车把式，要坐我的车搭脚，还跟我聊天说："要拍你们车把式的电影了，你还不去看看！"有的车把式也说："嘿，让拍电影的也拍拍咱们！"听了这些，我心里非常高兴，这对我正式拍摄是很大的鼓舞。演员创造角色，就要有"装龙象龙，装虎象虎"的本事。马大车的基本性格是憨厚、

图203 许忠全文章《马大车与北京郊区》

在 20 世纪 80 年代，北京各大电影院都在放映电影《车水马龙》。《北京日报》郊区版还专门登载了我撰写的宣传电影《车水马龙》的文章：《马大车与北京郊区》，我扮演电影《车水马龙》中的男主角"马大车"，北京郊区人民曾经给了我巨大的生活"营养"。（图203）为了让八亿农民看到反映自己生活的影片，丰富农村文化生活，我很高兴地接受了上海电影制片厂聘请我扮演"马大车"的任务。但是我本人和"马大车"有较大的距离："马大车"从 18 岁就开始赶大车，是赶了 32 年车的老车把式，而我从 19 岁上大学，至今仍是大学的老师；我知识分子味道很浓，举止行为、言谈话语都是文绉绉的；我是不抽烟的，而马大车不但抽烟，还抽烟袋锅儿；我平时最怕骡马大牲口，不敢接近它们，而马大车是成天跟牲口打交道，他身强力壮，说起话来瓮声瓮气，走路姿态像个摔跤手。如何缩短我和角色之间的距离呢？只有深入生活。好在我从童年和青少年时代起就不断到北京郊区，接触过不少郊区农民。短暂的农村生活以及社员朋友的热情、爽朗，干活时的洒脱劲儿，这些都是我创造"马大车"这个农民形象的宝贵素材。但是我以前跟车把式的交往经历很有限，尽管我创造电影《金光大道》中的"冯少怀"时，积累了一些经验，可是他与"马大车"又截然不同。多亏了北京海淀区四季青公社的车把式们，他们耐心帮助我学赶车，先用小毛驴练习，开始我用手抚摸毛驴的脖子时手像触了电似的，全身感到麻嗖嗖的，心脏感觉似乎停止了跳动。晚上睡不着，总看着抚摸过小毛驴的手，有一种说不出来的感觉。当时产生的内心独白是"唉呀……！做演员真不容易呀……！许忠全你行吗？"对我来说，这真是个脱胎换骨的锻炼。经过几天的磨合，最后我成了小毛驴的朋友。就这样由小到大，最后我终于不怕大个的、又粗壮、又有劲的骡马了。影片开拍前夕，我正赶着大车练习时，收工的社员们真以为我是车把式了，要坐我的大车搭脚，还跟我聊天说："要拍你们车把式的电影了，你还不去看看！"有的车把式也说："嘿，让拍电影的人也好好拍拍咱们！"听了这些，我心里非常高兴，这对我正式开机拍摄是个很大的支持与鼓舞。为什么呢？因为社员们拿我当真正的车把式了！想到这儿，又觉得做演员是很幸福的，昨天我还演着一位工人过着与自己不同的生活，今天又过上了与昨天完全不同的农民"马大车"的生活了。这就是演员与一般职业的不同，演员的创作任务就是永远过着别人的生活，演谁就要像谁，演谁就是谁，就要有"装龙像龙，装虎像虎"的本事。这是演员最大的享受。我在进入角色之前，首先分析出"马大车"的人物性格基调：傲、倔、粗、灵，掌握了这些人物性格基调，我就会在他的语言特色、形体特点和准确的行动上下功夫。我能确定出"马大车"的人物基调，都是从我的老师——北京郊区社员，特别是车把式们身上学来的。如果说"马大车"这个角色得到了社员们的承认，我首先要感谢热心帮助过我的社员和亲如兄弟的车把式们。我愿意更好地向农民学习，塑造更多的农民形象，让八亿农民在劳动之余，看到

更好的农村题材的影片。

在 1982 年获得电影金鸡奖的优秀影片《邻居》中，我扮演了一个重要角色——"喜队长"。说起来还挺有意思的，《邻居》摄制组在确定演员阵容的过程中，不知导演是有意让话剧演员担当 90％ 以上的主要角色和重要角色的创作任务，还是导演偶然选中了话剧演员，不管怎么说，让话剧演员担当一部影片中的主要角色，圈内的朋友还是议论纷纷，担心会影响影片的质量。我也认为让众多的舞台话剧演员在镜头前表演，说明导演的胆子够大的。我只记得大约在二十世纪五十年代到七十年代初，当时在电影界，特别是在现实生活形态式的表演领域还是姓"电"的，电影演员占主导地位。话剧演员要想"触电"，演一个电影故事片里的角色，是有一定的阻力和困难。用姓"话"的（话剧演员）拍电影，导演也承受了很大的压力。我更是有我的特殊性，因为我是个"业余演员"，当时我是中央戏剧学院表演系教员，不是职业的话剧演员，通俗点儿说，我是一个"教书匠"。从一位话剧舞台表演的"教书匠"，经过"三级跳"，迈过话剧跳到电影，直接"触电"，塑造银幕形象，创造"喜队长"这么重要的角色，可想而知，我面临的困难也是很大的。因为我真不知道这个电影的"电压"到底有多大。但是我很荣幸和这么多知名的话剧表演艺术家合作，他们都有三四十年甚至更长的艺龄，有着丰富的创作经验，把握人物行为、性格特征都很准确。在创作状态下，心理、形体非常松弛，他们的创作态度非常严谨。演员之间虚心学习，相互鼓励，在繁杂的拍摄现场都能踏下心来，认真准备角色。在镜头前表演时专心进入规定情境，一丝不苟地体现人物的行动与性格。我从这些话剧表演艺术家身上学习到很多课堂上所学不到的东西。

影片《邻居》的剧本与导演提示我所扮演的"喜队长"是全剧中喜剧色彩较为浓厚的人物，但同样具有严肃的内涵。他原是"黑帮劳改队"队长，但却因同情和包庇"走资派"，而使自己也变成了劳改成员。按住房情况说，属他最困难，当作为领导的邻居刘、袁两家搬入新居时，他由衷地高兴，那劲头就像他自己搬家一样。这一切都显示了一个老工人宽阔的胸怀和善良的品质。他反对冯卫东损坏公物，私盖小厨房，但自己却采用了另一种错误的手段，就是用递烟和给吴科长干私活等办法来达到给大家要一间公共厨房的目的。他不认为这是错误的，而觉得是必要的，甚至是高明的。当发现自己受了吴科长的欺骗时，又挥拳动武，因而受到通告处分，观众在看到他写检查的时候，心情是复杂的：狡黠、粗鲁的手段所要求达到的竟是如此微小、合理的愿望，这里面不是既有喜剧色彩又有某种悲怆的意味吗？这种悲喜剧交融的写法应该能够给观众留下更多的回味余地。导演反复强调"演员的表演不要超过人物在生活中应有的幅度"。我认为生活、真实、自然，是演员创造角色的最高标准，要达到这一步，不是光说说就行的，需要演员刻苦钻研角色，寻找

和挖掘剧本提供的一切根据和生活中给角色的各种营养，细心倾听导演的启发，不断地跟同演者切磋角色相互之间的交流与适应。总之，影视镜头拍摄不完，演员的创作就不能停止。

　　我的表演体会是演员的形象、气质和表演能力越接近角色，就越不好演，因为不能把角色的设计像贴片一样贴在演员身上。表演时只会从"自我出发"，那是不对的，那只是演员初步的创作手段。完整的理解应该是"从自我出发，走向形象创造"。在《邻居》"喜凤年"的创造中，要从自己身上找到角色所需要的形象气质，还要找到角色的内心世界，挖掘角色应有的生动、活泼、幽默、乐观的性格特点，能够真情实感地在银幕上生活，这就是我创造这个角色的最高目标。

　　演员创造角色的方法，往往因人而异。有的先从人物性格的外部特征入手，进而找到内心的根据；有的从自身直接或间接的体验入手，由角色的内心出发，找到外部形式加以体现；有的则两者兼备。过去，我习惯先出"壳"——从外部入手，后挖"核"——寻找心理根据，这次扮演"喜凤年"时，改变了过去的习惯，尝试了一下先挖核，后出壳。

　　《邻居》这部影片，没有华丽的服装，没有堂皇的布景，没有"美人"，没有专门的音乐。拨动观众的心弦靠什么呢？导演的构思就是要靠一群普通人在现实生活中的真情实感。"喜凤年"这个人物，在全部影片中，有兴奋，有自信，也有气馁。他爱劳动，不惜力，生活不断的改善和仍需要解决邻居中存在的问题，使他既懂得知足，又总还有点不满足。他爱周围的邻居，特别是像老刘那样的老干部。遇到矛盾，先责己，能容人。同时，他是水暖工，经常和铁管子打交道，不是肩扛铁器就是电焊、扣丝，都是卖力气的活。因此，使他练就了硬碰硬的铁汉子的性格。由于他经常进出下水道，工作服都是油黑油黑的，而且从他身上不时地散发出下水道的味道。他幽默地对人说："想闻五味香吗？请您接近我，拥抱我！"在生活中，他能够与人为善，他的一生接触了许多上下各阶层的人物。当然社会时弊在他的身上也有所反映。总之，他有他的喜、怒、哀、乐，有各种各样对人、对事的态度和真实的情感表现。这一切都不是抽象的，反映着他那受到社会、环境、出身、职业等制约的内心。作为一个演员应该从哪里开始去塑造"喜凤年"这个人物呢？如果从外部入手，我就会先设计：一身褐色的工作服，干活粗手粗脚，说话瓮声瓮气，编剧让他姓喜，那一定是个乐观主义者，活泼开朗的性格……，但这些粗壮、直爽、乐观，毕竟是一种概念，从概念出发的表演，终究只能创造一种模式化的角色，而不是活生生的、有血有肉、具有鲜明个性的、活灵活现的、具体的人。有经验的老演员讲："戏从心上起，满台都动情。"《邻居》是直接反映当前现实的影片，它所展现的情节和场面，在今天的日常生活中几乎是家喻户晓。而"喜队长"这个普通的工人，典型的城里老百姓，在群众中更是到处可见。

图204　1981·《邻居》,北京青年电影制片厂,饰喜凤年,中

因此，我坚定了"从心上起"，先挖"核"的方法，以生活中提供的大量有关这个人物的思想、行为作为创作的营养，充实自己，并深入体会角色的内心生活，进而体现出富有艺术魅力的真情实感。

我从"喜凤年"对人对事的具体态度和行动中，首先找到他的内心活动。特别是他在日常生活里待人接物的态度，比如："喜凤年"找吴科长要公共厨房，吴科长却向他提到儿子家的下水道坏了。他马上意识到这是为邻居们谋福利的好时机，于是，他带领全楼道的人们去"义务劳动"，想以此达到换取公共厨房的目的。老伴担心地问他："那厨房的事你跟吴科长说死了没有？"他充满自信，带有骄傲表情地回答："你懂什么？"后来，鸡飞蛋打一场空，"喜凤年"对邻居们的保证成为泡影，在老婆面前也"栽"了，"喜凤年"的如意算盘打错了，心里越想越冤枉，越冤枉越憋气，他才当众勃然大怒，争吵之中，他再也控制不住内心的冲动，终于挥拳打了吴科长。这一段戏，我演的时候很自信，感情饱满，因为我仔细研究了人物在此时此刻的思想情感、语言、形体以及角色具体的行动，我做足了"功课"。有人对演员所从事的艺术创作很不理解，认为表演不过"说哭就哭，说笑就笑"，其实远不是那么简单。因为演员是根据作家的剧本，在假定条件下的一种"二度创作"，需要演员认真地、设身处地地按人物的逻辑来行动，还需要演员具有准确的适应能力，比如：当"喜凤年"知道邻居章老师的女儿小星星被热水烫伤之后，给学院行政部门打电话，要求派车那场戏，电话是个假道具，电话里的对方只是一种假设，当时我只有两种想法，一是规定情境：全楼道的人都在为章老师唯一的亲人——可爱的小女儿焦急万分；二是交流对手——电话里的对方是一个对群众漠不关心的"势利眼"干部。面对这种情境，我一时激情迸发，脱口骂出了："你混蛋！我就是骂你了！"喜队长骂时很激愤，可没考虑后果。（图204）再如"喜凤年"夫妻夜话一场，万籁俱寂的深夜，窗外一缕月光射在床头，胖娃的酣睡声，姥姥的叹息声，导演有意为我们创造了一种"意境"。"喜凤年"一面抒发着人物不平静的内心，操心地议论着一家家邻居，一面又不去打破这种床头絮语的人物之间的心灵交流，声音很轻，时断时续。"喜凤年"的丰富的内心生活和善良的心灵，都反映在此景之中。

演员应该从内心出发，追求真实的生活。电影表演的环境有实与不实交加的特点，在摄影机前生活，这是"不实"的，但周围的空间、道具，又往往很真实。如"喜凤年"写检查那场戏，桌上放的那盒专为巴结吴科长而买的过滤嘴香烟，旁边一张只写了"我的检查"四个字的信纸和堆满烟头的烟缸，这些桌上的物件（小道具）都对我投入在一个生活、真实、自然的环境而起了激发和产生内心生活的作用。我借助这些实物，内心出现了许多往事的内心视像，虽然只有一个镜子里我的特写，但我准确表达了人物又气、又恨、又冤、又悔，

图205　1981·《邻居》，北京青年电影制片厂，饰喜凤年

图206　1981·《邻居》，北京青年电影制片厂，饰喜凤年，左

心里憋闷又没处散发的复杂情绪。（图205）还有，"喜凤年"挨处分后有一段满腹怒气扫楼道的戏，原先剧本设计了一个踢锅的动作，实拍时又放了一只小猫在我跟前，我踢锅之后，似乎怒气未消，又即兴地踢了碍事的猫一脚，猫尖叫一声跑远了。这个动作，现在看来剧场效果很强烈，它突出了"喜凤年"有气无处撒的心境。演员还不能把戏演尽，要有控制，要有分寸，要含而不露，这是表演艺术达到生活、真实、自然的重要条件之一，也是揭示人物内心世界最有魅力和感染力的地方。

《邻居》是一部反映时代脉搏，富于生活气息的影片，要使"喜凤年"这个水暖工的角色活起来，有立体感，我就必须在镜头前自如地生活。角色的行动线是由无数的表演细节和具体、甚至是细小的行动组成的，比如影片中"喜队长"有两次递烟：一次为了房子请吴科长，一次为了找市委书记请看门老头让我们进去。这虽然是平日司空见惯的小动作，但用到刻画人物个性上就能成为很好的艺术细节。在吴科长面前，我早有准备，露出烟盒——"凤凰牌"，有意地讨好;（图206）对看门老头，我用急掏兜的动作，有意把烟高高举起，争取老头发善心，高抬贵手，开门让我们进去。这两次不同的处理，又显得很生活，从而引起了观众会心的笑声。

表演细节的选择，是表演艺术的一个重要课题。优秀的表演艺术家在他创作的每一部作品中，在每个角色身上，都会有许多经典和闪亮的表演细节，来给角色增添光彩。北京人艺著名导演焦菊隐先生在排《龙须沟》之前，很长时间都没宣布角色分配，只让著名表演艺术家于是之先生在每次吃饭前甩三遍右手。《龙须沟》又隔了很长时间终于开排了，导演说："于是之，你从今天开始，饭前可以不甩手了"。可是，于是之已习惯甩手了，剧中人物"程疯子"的一言一行、一举一动都经常甩甩手，甩手这个表演细节已经像一粒种子种在了演员的心田里，变成演员与角色的下意识。这个表演细节是焦菊隐先生的绝妙构思，甩手成了于是之扮演"程疯子"的经典细节，甩手动作揭示了"程疯子"的职业习惯，他原是一位弹三弦给唱大鼓的艺人伴奏的，甩手是弹拨三弦的基本动作，甩手又是弹三弦的习惯动作。于是之扮演的"程疯子"家喻户晓，这个表演细节为揭示人物形象的内、外部性格特征，增添了不少色彩。北京观众看完《龙须沟》之后，好多人学"程疯子"的甩手，如边甩手边叫朋友："爷儿们！……"对方也边甩手边回答："别来这套！……" 动作和语言同一时间产生，达到惟妙惟肖的效果。

表演细节还包括角色语言的细节选择，《邻居》中有一段"喜队长"很长的台词，对章炳华父女俩的困境表示深切的同情，对他爱人出走极为不满，"章老师的爱人也真是，扔下大人孩子，装了两箱子东西，撇下全家，一个人到香港生活去了……"第一，我感觉台词太长，像知识分子说的话，而且有点替编剧和导演解释章老师是单亲家庭的嫌疑;第二，不太像喜队长这个性格粗犷的工人说的话。我的老师曾告诉我，演员创造角色要仔细研究

許氏資料收藏

图207 2011·《流金岁月——高朋满座》与同演者编剧费明，演员张会中，陈肖依和马羚合影，中

許氏資料收藏

图208 2011·《流金岁月——高朋满座》与同演者张会中，费明，马羚，陈肖依，韩月乔和主持人合影，右三

台词，要"说人话"，"说活人的话"，"说有性格人的话"。经过跟导演和剧组协商，最后我把台词改成："章老师的爱人也真是，一个人，香港了！"这个语言细节设计，看起来似乎语法缺乏逻辑，有点儿过于简化，可是我说的有滋有味，我把简化前的台词运用到"喜凤年"的内心独白和潜台词里，这样既符合"喜凤年"这个工人的口气，又体现了说有性格人的话。把台词简化之后大家都能懂，为了证明语言细节的正确与否，我还特意跑到当时放映《邻居》的红星影院看观众对这段台词的理解，真出乎我的意外，观众反应很强烈，他们听到这句话时总会发出会心会意的笑声。总之，表演细节的选择来自于演员对剧本的认真分析和平时对生活的积累，电影、电视剧是分隔拍摄的，但是演员心里却要有人物自始至终发展过程的连续性。

话剧讲究演员要有连续不断的行动线。行动线和表演细节是密不可分的，优秀的表演艺术家很会沿着行动线来寻找表演细节，而表演细节的选择就会使角色性格多姿多彩，具有艺术魅力和对观众产生艺术感染力。角色的思想行动脉络自始至终要清清楚楚，因为它是演员选择角色表演细节的基础。那种"拉开大幕见""镜头前见"的所谓即兴表演，实际上是演员图省事偷懒，是糊涂演员在演糊涂戏！盲目的表演，与角色无关的、琐碎的表演，是不会产生细节的。表演细节是演员呕心沥血，反复推敲，经过艰苦的艺术劳动而产生的。"喜凤年"是个水暖工，他来到一套新单元，最敏感的就是上下水道的畅通，参观袁亦方新居一场，剧本规定我的戏是在厨房察看水管子，我就向道具员要来一把轻巧的活扳子，拍戏时顺手从口袋里掏出来，扔过头顶转了两个圈，扳子把熟练地握在了"喜凤年"的手里。他敲敲这儿，打打那儿，通过"喜凤年"手拿扳子把儿，这个鲜明的敲打动作的细节而展示了角色的形体自我感觉，鲜明而生动地体现了"喜凤年"的职业出身——老本行是水暖工。通过这样的细节设计，使演员的表演更鲜明和自如。抽烟原来是极平凡的生活动作，但只要用心也可以处理成艺术细节。找袁书记要房子那场戏，我在会议室外等待，先用靠在窗台上无聊的抽烟表明一种无可奈何，后来看到陆小兵和袁书记神秘的私下交往，又用剧烈地把烟头扔在地上，并用脚狠狠地踩灭烟头，来表达一种不能发作的愤懑。这些细节的运用使我在镜头前能自如地生活，又丰富和突出了"喜凤年"的独特性格特点。"喜凤年"的塑造得到了导演、同行和"粉丝"们的热情肯定，给了我很大的鼓励，对我以后塑造新的银幕形象，进行新的表演艺术探索积累了丰富经验。

1991年在长影拍摄的电影《高朋满座》中，我扮演了重要角色——"严局长"，该影片获得了中央文化部最佳影片奖和长春电影制片厂的小百花奖。2011年中央电视台电影频道拍摄了《流金岁月》——电影《高朋满座》的专辑，邀请我和主要演员回顾当年的创作经历，大家感慨万千。（图207-208）在《高朋满座》电影拍摄过程中，导演大胆地提

图209 1992·《平津战役》，八一电影制片厂·中国人民解放军·总政治部·荣誉证书

图210 1992·《平津战役》，八一电影制片厂·中国人民解放军·总政治部·荣誉证书

图211 1992·《平津战役》·八一电影制片厂感谢信

图212 1991·《赵百万梦幻曲》，长春电影制片厂·第十五届《大众电影》百花奖候选名单

出要同期录音，在北京城里，马路边上拍戏，汽车马达声、喇叭声、嘈杂的声音很多，对录音师是个考验，演员说台词难度也很大。演员对同期录音，信心不足。另外演员的组成也是京沪大联合，台词声调上稍有南北风味的差异。导演带病工作，他很用功，很耐心，用了将近半个月的时间调整，最后才达到和谐统一。《高朋满座》经过摄制组团结协作，于 1991 年拍摄完成，并于同年在全国放映。1992 年《高朋满座》获得长春电影制片厂第十四届小百花奖故事片特别奖和文化部优秀影片奖。

我参加拍摄的影片中，我最珍惜的作品之一就是《大决战——平津战役》。这部巨片反映了苦难的中国人民即将取得翻身解放，新中国很快就要建立起来了，五星红旗即将在 960 万平方公里的大地上冉冉升起。我很荣幸地参加这部巨片的拍摄，扮演董其武将军。虽然戏份不多，镜头少得可怜，但作为这部巨片的一名演员，能在北京中南海怀仁堂实景拍摄，我感到很光荣，感谢八一电影制片厂给了我这一机会。该片获得 1991 年广播电影电视部优秀影片奖，总政治部为大决战摄制组记集体一等功，为此特别颁发给我荣誉证书，并致我所在单位——中央戏剧学院表演系一封感谢信。（图 209-211）

1991 年我还在长春电影制片厂拍摄了电影《赵百万梦幻曲》，我扮演男主角"赵百万"。这部电影是我拍摄电影以来最艰苦的一部，从开拍到结束是整整一个赤日炎炎的夏天。"赵百万"是汽车修理厂经理，他跟工人一块儿干活，在修理汽车底盘的地沟里一拍就是一天。头顶的汽车底盘像饼铛一样烫人，沟里像蒸笼一样闷热，这样的拍摄环境是拍摄的主要场景。幸亏我年轻时爱好体育运动打下体质好的基础，不然还真承受不了。摄制组各部门团结互助，剧务、场务忙里忙外，给演员们一会儿送湿毛巾，一会儿送水，在大家的齐心奋战和互相关照之下，我们为拍好这部优秀影片战胜了一切困难。《赵百万梦幻曲》受到了长影领导的好评，并纳入 1992 年第十五届《大众电影》百花奖候选名单，我获得最佳男演员提名。（图 212）

根据自己历年从事表演教学和电影、电视剧、话剧演出的实践活动经验，我曾经对电影《金光大道》《车水马龙》和《邻居》做了比较详细的案头分析，对其中自己创造角色的点滴体会进行了归纳与小结。由于当时的社会背景和政治环境，有些观点保持了"原汁原味"，我特意保留了当时的认识水平，有关三部电影的资料和我写的演员手记因多次搬迁等原因保存不甚完整了，因此可能会出现文字资料不够系统和有些零乱的情况。我愿将这些不甚完美的体会提供给年轻演员，作为给年轻人今后创作的参考。

拍过的电视剧

　　从二十世纪七十年代末到 2011 年，由于拍摄时间跨度太大，拍摄单位比较多，摄制组大部分是临时组建的，各部门人员来自四面八方，互相了解很少，各管各的，拍完就散伙，特别是二十世纪七八十年代的早期拍摄，我记得那时没有专职拍剧照的摄影师，更没有拍摄现场花絮的记录。种种条件的限制，根本就没有宣传电视片所需的影像和文字资料。又由于我身体欠佳，行动不便，没有能力再跑各电视台和影视公司查阅资料，现存的影、视、剧资料，可以说是我保存资料的一少部分，这也是朋友中的有心人给我提供的。所以我只能大约记住电视剧拍摄的单位、时间、剧名和我扮演的角色，有些遗漏在所难免。

我到目前为止回忆起来的电视剧作品大约有：

1.《小龙和小丽》——饰爷爷 （北京儿童电影制片厂，1983）

2.《戒棋》——饰爸爸 （中央电视台电视剧制作中心，1984）

3.《僻静的山岗》——饰文物保管员（北京电视台，1984）（图 213-223）

4.《聚宝姑娘》——饰废品站主任 （内蒙古电视台，1985）（图 224-229）

5.《草原枪声》——饰牧民村长（北京电视台，1987）（图 230-235）

6.《爱你十来年》——饰主任（河南电视台，1988）

7.《我的爸爸》——饰爸爸（中央电视台，1989）

8.《马路迪斯科》——饰老战（丹东电视台，1989）（图 236-237）

9.《荣获冠军的亚军》——饰爸爸（北京电影制片厂，1989）

10.《专管员日记》——饰车间主任（安阳电视台，1989）

11.《远山的呼唤》——饰村长（中央电视台，1989）

12.《带后院的四合院》——饰老武（中央电视台，1990）（图 238-239）

13.《苦乐年华》——饰厂长（河北电视剧制作中心，1990）

14.《蛤蟆湾》——饰售货员（中央电视台，1991）

15.《冒名顶替》——饰爸爸（中央电视台，1991）

16.《葵花地女郎》——饰村长（内蒙电视台，1991）（图 240）

17.《寻找童年》——饰工人班长（洛阳电视台，1992）

18.《土坯屋》——饰金圈（内蒙电视台，上、下集，1992）

19.《一村之长》——饰纪委书记（中央电视台，8集，1993）

20.《豁口》——饰老工人（长春电影制片厂，1994）

21.《病房浪漫曲》——饰老万（南京电视台，20集，1994）（图241-243）

22.《学军记》——饰爸爸（中国电视剧制作中心，1994）

23.《老牛外传》——饰老牛（中央电视台，共46集系列剧，1994-1995）（图244-256）

24.《实习生的故事》——饰盖爷爷（中国电视剧制作中心，10集，1999）（图257）

25.《不能失去你》——饰老段（多艺之星影视公司，21集，2005）（图258-275）

26.《大女当嫁》——饰张大爷（广东华夏电视传播有限公司，25集，2010）

27.《新时代警察》——饰派出所老所长，并担任该公司艺术总监（中视盛佳国际传播有限公司，26集，2010）（图276-280）

　　电视连续剧《土坯屋》是1992年拍摄的蒙族题材的戏。我在很久以前，大概我还在初

图213　1984·电视剧《僻静的山岗》，饰文物保管员

图214 1984·电视剧《僻静的山岗》，饰文物保管员，中

图215 1984·电视剧《僻静的山岗》，饰文物保管员，左

图216 1984·电视剧《僻静的山岗》，饰文物保管员，中

图217 1984·电视剧《僻静的山岗》，饰文物保管员，右

图218 1984·电视剧《僻静的山岗》，饰文物保管员，右

图219　1984·电视剧《僻静的山岗》，饰文物保管员，左

图220　1984·电视剧《僻静的山岗》，饰文物保管员，左一

图221　1984·电视剧《僻静的山岗》，饰文物保管员，左

图222　1984·电视剧《僻静的山岗》，饰文物保管员

图223　1984·电视剧《僻静的山岗》，饰文物保管员

拍过的电视剧　**97**

图 224　1985·电视剧《聚宝姑娘》，饰废品站主任

图 225　1985·电视剧《聚宝姑娘》，饰废品站主任，左

图226 1985·电视剧《聚宝姑娘》，饰废品站主任　　图227 1985·电视剧《聚宝姑娘》，饰废品站主任

图228 1985·电视剧《聚宝姑娘》，饰废品站主任，右　　图229 1985·电视剧《聚宝姑娘》，饰废品站主任，中

图230 1987·电视剧《草原枪声》　　图231 1987·电视剧《草原枪声》

图232　1987·电视剧《草原枪声》，中

图233　1987·电视剧《草原枪声》，中

图 234　1987·电视剧《草原枪声》，中

图 235　1987·电视剧《草原枪声》，左

图 236　1989·电视剧《马路迪斯科》

图 237　1989·电视剧《马路迪斯科》

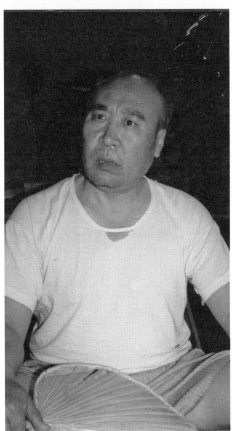

图 238　1990·电视剧《带后院的四合院》，饰老武

图239 1990·电视剧《带后院的四合院》，饰老武，右

图240 1991·电视剧《葵花地女郎》，饰村长

图241 1994·电视剧《病房浪漫曲》，饰万一道，右三

图242 1994·电视剧《病房浪漫曲》，饰万一道，右一

图243 1994·电视剧《病房浪漫曲》，饰万一道，左一

图 244　1994-1995·电视剧《老牛外传》，饰老牛

图 245　1994-1995·电视剧《老牛外传》，饰老牛

图 246　1994-1995·电视剧《老牛外传》，饰老牛

图 247　1994-1995·电视剧《老牛外传》，饰老牛，右

图248　1994-1995·电视剧《老牛外传》，饰老牛，右

图249　1994-1995·电视剧《老牛外传》，饰老牛，右

图250　1994-1995·电视剧《老牛外传》，饰老牛，左

图251　1994-1995·电视剧《老牛外传》，饰老牛，左

图252　1994-1995·电视剧《老牛外传》，饰老牛，左

图253　1994-1995·电视剧《老牛外传》，饰老牛，中

图254　1994-1995·电视剧《老牛外传》，饰老牛，左一

图255　1994-1995·电视剧《老牛外传》，饰老牛，左一

图256　1994-1995·电视剧《老牛外传》，饰老牛，中

图 257　1998·
中央电视台·中
国电视剧制作
中心·颁发的
聘书

許氏資料收藏

图 258　2005·电视剧《不能失去你》，饰老段　　图 259　2005·电视剧《不能失去你》，饰老段，左

图260　2005·电视剧《不能失去你》，饰老段，右

图261　2005·电视剧《不能失去你》，饰老段，右

图 262 2005·电视剧《不能失去你》，饰老段，右

图 263 2005·电视剧《不能失去你》，饰老段，左

图 264 2005·电视剧《不能失去你》，饰老段，左

图 265 2005·电视剧《不能失去你》，饰老段，右

图 266 2005·电视剧《不能失去你》，饰老段

图 267 2005·电视剧《不能失去你》，饰老段，右

图 268　2005·电视剧《不能失去你》，饰老段

图 269　2005·电视剧《不能失去你》，饰老段

图 270　2005·电视剧《不能失去你》，饰老段，中

图271 2005·电视剧《不能失去你》，饰老段，左

图272 2005·电视剧《不能失去你》，饰老段，右

图273 2005·电视剧《不能失去你》，饰老段

图274 2005·电视剧《不能失去你》，饰老段，左

图275 2005·电视剧《不能失去你》·与扮演儿子的演员、歌手满江合影

图276　2010·电视剧《新时代警察》，饰派出所老所长，左

图277　2010·电视剧《新时代警察》，饰派出所老所长，右

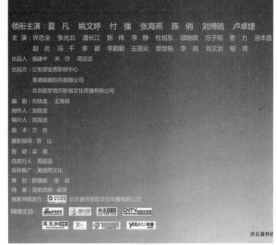

领衔主演：夏　凡　姚文婷　付　强　张海燕　陈　俏　刘博皓　卢卓婕
主演：许忠金　张光北　潘长江　陈炜　李静　杜旭东　邵晓微　方子哥　曹　力　游本昌
赵　炎　冯　干　李　颖　李勤勤　王丽云　颜世魁　李　岚　刘文治　柏　青
出品人：施建中　宋　岱　周逗逗
出品方：公安部金盾影视中心
香港银都机构有限公司
北京圆梦地方影视文化传播有限公司
编　剧：刘晓龙　王海模
制作人：刘晓龙
制片人：刘海波
美　术：方　青
摄影指导：曾　山
剪　辑：梁　爽
总发行人：周逗逗
宣传推广：美丽雨文化
策　划：薛理明　张　娅
鸣　谢：蓝伯吉纳·崔游
独家网络发行：北京盛世朝阳文化传播有限公司
网络支持：

图278　2010·电视剧《新时代警察》·宣传册·封底

图279　2010·电视剧《新时代警察》，饰派出所老所长，中

图280 2010·电视剧《新时代警察》·宣传册·封面

图281 1965·在内蒙成吉思汗陵

中学习阶段，就有一个梦想：演一位蒙古汉子。好运终于来临，内蒙古电视台著名导演宝音达来，文学编辑和制作人娜娃二位老师给了我这个机会。他们让我实现了我一生中盼望扮演一位蒙族角色的梦想，我要由衷地感谢他们！感谢内蒙古电视台！

我这个回族老弟和蒙族大哥有一种自然的缘分：早在1953年看了长影拍摄的电影《草原上的人们》，我就爱上了男主角"桑布"的扮演者恩和森老师。大家都会唱蒙族电影歌曲《敖包相会》，可是你知道与漂亮姑娘相会的蒙族英俊青年就是恩和森扮演的吗？他很会演戏，从他的外型到内部气质看，他都是一位豪爽、英俊的蒙古汉子。在二十世纪五十年代，他就是我心中的偶像。按现在的说法，我是他的"粉丝"。说来真巧，恰逢1965年初夏，相隔了漫长的12年，我和恩和森在正蓝旗那达慕大会上相遇了，我在临时搭建的舞台上唱了一首蒙语的《敖包相会》，随着歌声，他慢慢地靠近了我，歌声结束时他跑上了舞台，我们两人热烈地拥抱在一起。他认为我长得像蒙族，歌儿唱得很漂亮，也像蒙族，我俩谈话很投机，缘分使我们同住一屋，同喝马奶酒，我们结下了深厚的友谊。另一段我与蒙古族兄弟的缘分也很值得我珍惜：经导演介绍，内蒙歌王拉苏荣先生也成了我的好朋友，我特别爱听他唱的蒙古长调，他音色美极了。欣赏他唱蒙族歌曲真是一种最大的享受，我几乎每天都要听他唱的蒙族歌曲，我很感谢拉苏荣先生，他还专门为我录制了他演唱的蒙族经典

歌曲，我视为珍宝，经常播放欣赏。我会唱蒙文歌，蒙族学生和蒙族朋友们听了都很高兴，认为我是真正的蒙古汉。关于我会唱蒙文歌曲还有一个小插曲：1992年，表演系去内蒙招生，在火车上我唱蒙文的"敖包相会"，旁边一位老师听了说："你唱的什么呀？听不懂。"我说："我在唱地地道道的蒙语歌曲呀！"她说："别瞎扯了，我们在北京共同工作那么多年，怎么没听你唱蒙语歌曲呀？你是胡唱、乱唱、瞎编的吧？"到了内蒙驻地，蒙族老师接待我们吃晚饭，我唱了蒙语的祝酒歌，蒙族老师听了非常吃惊地说："许老师唱得太棒了！"我们招生组的那位老师怀疑地问："许老师唱得对吗？"蒙族老师爽快地回答说："唱得很对，唱得太好了！比我唱得还好！"听了蒙族老师的回答，我们的那位老师不说话了。我看着那位老师，骄傲地哈哈大笑，心里别提有多得意啦！在我长期接触蒙族朋友的日子里，我真正了解了他们。我认为蒙族的民族性格是内向的，不善于张扬，日常生活中寡言多做，从不夸夸其谈，待人诚恳热情，既便说话也不大喊大叫。蒙族的感情真挚细腻，含蓄深沉。他们不会随便宣泄自己的感情，对人"掏心窝子"，不虚假。站在蒙古包门口，你由衷地说一句"赛白纳"（您好的意思），蒙族朋友一定会高兴地把你请进蒙古包，请你喝奶茶、吃奶豆腐……以上这些都是蒙族内部性格的典型特征。过去认为蒙族就是骑马、摔跤、套马、性格奔放、粗犷，其实这只是蒙族生活的一部分，我认为把这些片面的印象说成代表蒙族的整体性格，都是不准确的，随意性的一传十、十传百，反映出来的都是一些表面现象，不能代表和反映蒙族的民族本质。我走遍了内蒙古各个盟，各个旗（县）所在地。（图281）我在内蒙吃过最美味的"风干牛肉"和各种各样风味不同的奶制品！我最爱欣赏悠扬的马头琴和悦耳动听的蒙古长调。我从1953年喜欢蒙族文艺到拍摄电视连续剧《土坯屋》的1993年，40年对蒙族的感情越来越深，对蒙族文艺越来越喜爱，我到内蒙走进蒙古包第一件事就是喝奶茶、吃奶豆腐、用风干牛肉做的小米饭和味道很浓香的奶皮（甜的、咸的都有）。每年七、八、九月，这三个月是内蒙古各地举办那达慕大会的黄金时间。如果您是内地人，初次到草原，千万要先了解一下马奶酒的特性，马奶酒开始喝时没酒味，特别像青草味一样的清香饮料，但是您小心，喝两口尝一下就行了，如果您没有酒量，喝了一大碗马奶酒，它就不会客气了，它在肚子里慢慢地发酵，半小时之后您就有醉意了，就会舌头短了，看着三愣说二了。

　　整整40年我对内蒙民族生活的不断积累，使我比较准确地抓住了我要塑造的蒙古喇嘛"金圈"的内部性格特征，感谢蒙族兄弟给了我那样多的高质量的蒙族生活营养，以及摄制组和导演给我的帮助，使我顺利地完成了电视连续剧《土坯屋》男主角"金圈"的创作任务。该电视剧播映后获得了观众的好评，当年就获得了华北地区优秀电视剧奖。在拍摄《土坯屋》的过程中，导演说我的脸型像蒙族，很像蒙古男子汉！这个外型不是人为设计的，而是爹妈给的，所以我要感谢父母给了我一个蒙古汉子的脸型。要演好男一号"金圈"喇嘛，还要努力挖掘并积极地寻找角色的独特性格。我首先挖掘"金圈"的外部行动："金圈"生在蒙古包里，长在大草原，从没到过大城市，就连旗县所在地都没去过。内蒙地广人稀，有时走一天都见不到一个人，正像蒙族民歌《森吉德玛》里唱的："聪明、美丽的森吉德玛……，把你嫁到天边……，再也不能相见……。"可见辽阔的草原是望不到边的，"金圈"的交通工具就是骑马。我觉得草原上的马善于奔跑，骑上它就飞速地跑起来，为什么叫马背民族呢？从五岁、六岁的儿童到老年人都会骑马，没有马鞍子、马镫，骑的都是光背马。蒙族娃娃骑在马背上很神气，就像一张膏药贴在马背上一样，无论马儿怎样飞快地奔跑，从来不会从马背上掉下来。因此，人们称马背是蒙古民族生命的摇篮！马背上的民族那种勇于克服困难的精神，特别让人羡慕和佩服，他们无愧是一代天骄——成吉思汗的子孙。根据我的长期观察，蒙古汉子因为长期骑马，没有马鞍和马镫，马跑起来时只能用双腿紧紧夹住马肚子，由于长年保持这个动作，使一些人的双腿逐渐有些变型，走起路来上身有点儿左右摇晃。"金圈"是一个蒙古汉子，我也选用了走路上身摇晃，挺胸抬头的样子，看起来显得很雄壮，很刚强，我很欣赏这种姿态，我把这些特点作为塑造"金圈"的形体特征和角色的形体自我感觉，增强了我塑造好"金圈"的信心。

角色的内心生活主要靠语言表达，我虽然用汉语说台词，但是我认为蒙族人"金圈"肯定有他的生活情趣、思维方式和语言特点。总之，"金圈"身上应该蒙族味道十足。难道我说汉语台词，穿上一件蒙古袍，就能演好"金圈"了吗？不行，在我身上怎样增加一些蒙古人特有的豪情、热情、真情、深情和浓浓的蒙族味道呢？为此，我专门重温了一首蒙文的祝酒歌，我只会唱蒙语的，不会唱汉文的，但我可以翻译成汉文。于是我边喝醇香的蒙古王白酒，并稍有醉意地唱着优美动听的、具有蒙古风味和蒙古旋律的《祝酒歌》：

金杯银盏，

斟满了美酒。

琴弦悠扬，

歌声嘹亮。

朋友们欢聚一堂，

我祝大家，

万事如意，

身体健康。

这使我过足了一个蒙古汉子豪放、善良、好客的瘾！这首歌只是我经常唱的蒙文歌曲之一，几十年来我还会唱《敖包相会》《劳动模范娜芙其玛》《森吉德玛》《上海牌的半导体》、

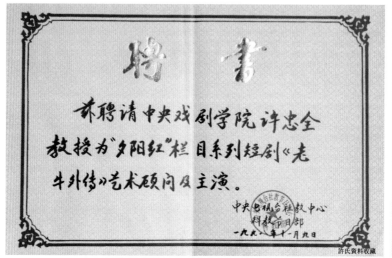

图282 1994-1995·电视剧《老牛外传》·1998.11·中央电视台社教中心·颁发的聘书

图283 1994-1995·电视剧《老牛外传》·著名漫画家丁聪为46集电视剧《老牛外传》片头创作老牛漫画像

鉴 定

中央戏剧学院表演系教授许忠全老师自94年以来，在中央电视台"夕阳红"栏目参加拍摄了44集系列短剧《老牛外传》，许老师在剧中成功地塑造了主角牛洪顺这一幽默、诙谐、倔强、可爱的老人形象。这部剧运用了轻松幽默的喜剧语言，讲述了老工人牛洪顺退体后面对新的生活而产生的一个个有趣的故事，真实地表现了退体老人的心态以及他们积极向上的人生态度，塑造了一位具有典型性格和喜剧色彩的当代老人形象。

许老师酷爱老牛这一角色，为此投入了极大的热情，以饱满的激情将老牛的喜怒哀乐淋漓尽致地表演出来。许老师在角色创作上态度严谨、精益求精、吃苦耐劳，遵守剧组规定，每天按时到达拍摄现场，对每一句台词都仔细推敲，认真背词，很快地适应了同期声录音。他还热心帮助其他年轻演员，表现了老演员爱岗敬业的作风。在拍摄当中，许老师注重体验生活，根据剧情需要，掌握了许多生活技能，不仅学会了木匠活、登三轮车、擒拿格斗、接ရ真、做小买卖，而且还学会了唱卡拉OK、扭秧歌、打鼓、画画、唱京剧，干什么象什么，真正做到了和角色融为一体，丰富了人物形象，加深了故事表现力。许老师为如何创造短剧人物做了许多尝试，为短剧的拍摄和探索做出了贡献。

图284 1994-1995·电视剧《老牛外传》·中央电视台科教节目部鉴定

内蒙东部的《祝酒歌》等六七首蒙语歌曲。除此之外，我还会跳"安代舞"和蒙族舞蹈家花费几十年的心血才创作出来的、优美动人的、具有很高艺术欣赏水平的"马步"。我把这些蒙族元素融化在"金圈"的形体与内心的自我感觉之中：傍晚时分，"金圈"在昏暗的土坯屋里，他一个人孤独地回忆往事，脑子里像放电影似的一个画面，一个画面，在他眼前闪过，他思念家乡，思念乡亲，此时令他最感亲近的不是别的，而是他最心爱的马鞍子。他像抱着亲人一样的抱着马鞍子，右手轻柔地来回扶摸着它，正在此时，远处又传来了凄凉的马叫声，这就揭示了"金圈"苦闷的内心世界。这个表演细节的选择，也加强了"金圈"在语言形体方面的表现力。

电视连续剧《老牛外传》从1994年到1995年共拍摄了46集，我不仅被聘请为艺术顾问，还应聘主演男主角"老牛"（牛洪顺）。（图282）虽说每集25分钟左右，但拍起来跟40-45分钟一集的长连续剧的劳动强度、耗时、费力没什么区别。演员在表演的过程中，更要去粗取精，去伪存真。在规定情境的制约下，角色的行动和态度要认真选择，原则是少而精。根据我的体验，演员千万不能小看微型电视剧和微型电影，它往往要求演员表演要更加准确，事先一定要设计好表演的幅度和恰如其分的速度与节奏，拍摄的镜头是非常紧凑的，往往没有余地来补充你在表演中的不足。因此，我在表演时可能设计有三个表演方式，但一定要挑出最精确的一个来表演。在台词方面，有一句话共10个字，但是演员不能拿起台词不加选择地脱口就说，要经过仔细琢磨，选出台词的精华。能缩减到五个字更好，甚至修改成两三个字，文字减少了，表演反而加强了，只要演员表演舒服，达到内心活动充实，导演同意就通过，说明导演与演员的二度创作更精彩。总之，演员参加影视表演特别是影、视短剧和系列短剧的表演，在拍摄前一定要仔细研究剧本，与导演相互沟通，探讨每个镜头的拍摄，要用"磨刀不误砍柴工"的精益求精的严谨态度，设计好角色的内、外部性格特征。对影视短剧的创作千万不能懈怠，二度创作对所有部门而言都应树立精品意识。不能对自己创造的角色毫无准备，一切都是"镜头前见"。关于喜剧表演的问题，如果一部戏体裁风格定为喜剧，我认为从剧本、导演、表演、摄影、灯光、服装、化妆、道具、录音、美术等等所有创作部门，都要有幽默感，都要在一个喜剧氛围中生活与创作！不允许一个部门缺少幽默感而单独"玩儿深沉"，否则就是"一马勺，坏一锅"。《老牛外传》如何在片头一开始，就使观众轻松、愉悦，我们选用了"老牛"的漫画头像。片子开始"老牛"的漫画头像是静止的，顷刻间，头像飞速地向左旋转，又飞速地向右旋转，随着跳动的节奏，带出一组可笑的短镜头，喜剧的体裁风格马上显现出来。在此要感谢著名漫画家丁聪先生的幽默漫画——微笑的"老牛"头像，使观众过目难忘。（图283）《老牛外传》在国内中央电视台"夕阳红"栏目放映后，得到了观众的广泛好评。在国外有好

图 285 1994-1995·电视剧《老牛外传》·2002·CCTV 夕阳红栏目奖。

图 286 1994·电视剧《病房浪漫曲》·1995.06·电视《病房浪漫曲》,第十一届江苏省电视剧评奖——最佳男配角奖杯

多国家先后放映,也获得了海外华侨观众和朋友们的一致赞许。为此,中央电视台"夕阳红"栏目还举办了一个晚会,不仅在表演艺术上对我给予肯定,还专门做出文字鉴定,认可我为《老牛外传》拍摄成功所做的贡献,并特别颁发了纪念品。(图 284-285)参加拍摄过作为微型电视连续剧的《老牛外传》,我认为有个经验值得总结:那就是剧作家、导演、演员在拍摄前的集体讨论。集思广益,商谈三方的创作意图,剧作家谈剧本中的故事、人物、人物关系、事件、矛盾冲突……;导演提剧本修改意见和自己的设想;演员提台词要求和角色的性格特征设定……。讨论时大家畅所欲言,一边聊天,一边修改,最后达成三方的共识,三方的统一行动。在拍摄时,以导演为核心的二度创作部门很和谐地融为一体,因此顺利地完成了拍摄任务。我参加《老牛外传》摄制组的一个切身体会,就是拍戏时大家都很累,有时从早到晚,唯一的一个共同点就是大家都有一个为了艺术创作的好心情,剧中的老牛、老伴儿、儿子、女儿在生活里就跟真的一家人一样,互相支持、互相帮助、互相体贴、互相关心,这一家人对综合部门的工作人员像知心朋友一样,互相尊重。有时拍摄结束收工时,还参加综合部门的体力劳动。好心情给摄制组带来了团结,好心情给摄制组带来了工作顺畅。我认为这是一个优秀的摄制组,值得肯定。

在 1995 年获江苏省优秀电视剧奖的 20 集电视连续剧《病房浪漫曲》中,我因扮演主要角色"万一道"而荣获了优秀男配角奖。

榮譽證書

许忠全同志在第十一届江苏省优秀电视剧评奖中荣获优秀男配角奖（《病房浪漫曲》中万一道的扮演者）。特颁此证，以资奖励。

江苏省广播电视厅
江苏省电视艺术家协会
一九九五年六月

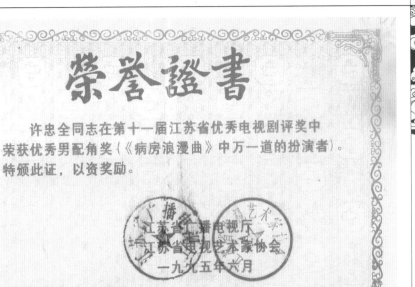

图 2871994・电视剧《病房浪漫曲》・1995・06・江苏省广播电视厅・江苏省电视艺术家协会・颁发的《病房浪漫曲》荣誉证书

（图 286-287）在 50 多年的艺术生涯中，我获得的各种表演艺术奖证明了业界对我付出劳动的肯定和认可，值得我珍惜。

影视剧表演创作体会

从二十世纪五十年代至今，我在影、视、剧的演出中，担任过不少男主角和重要角色的表演创作，关于影、视、剧演员表演方面的理论认识，结合自己的艺术创作实践，我有如下的看法：

首先，电影、电视剧、话剧，三者是血缘关系很近的姐妹艺术。它们同属于现实生活形态式的艺术，作为影、视、剧的演员，当然是现实生活形态式的表演，要求演员的表演要像在生活里一样，达到生活、真实、自然；其次，在剧本的理性分析阶段对影、视、剧演员的要求是一致的。演员不能演糊涂戏，对自己扮演的角色要了如指掌。

1. 要分析和理解剧作家所提供的剧本内容。包括：剧本表现的生活、时代背景、故事产生的环境、人物之间的关系、发生的事件、矛盾冲突、主题、主题思想等等。总之，剧本是所有二度创作部门的一切依据。剧本，剧本，一剧之本。演员要从剧本的字里行间寻找到真实生动的角色行动，为塑造完整的人物形象打下基础。

2. 理解时代，掌握时代特征与时代脉搏。剧中的人、景、物都能反映出时代的特点，大到环境，小到一支烟，都能体现时代的特征与时代的脉搏。当然也产生过沉痛的教训，过去曾经发生过与时代不相符的电视剧，时代是解放战争的 1947 年，当时的士兵是剃光头的，可是该电视剧很多士兵帽子后边露着长头发，一看就是二十世纪七八十年代的长发青年。士兵与长官抽的是过滤嘴香烟，烟的长度与黄色过滤嘴在 1947 年是没有的。七十年代的长发青年和一支小小的过滤嘴烟，就破坏了整个电视连续剧的真实性，并且造成了很不好的影响。

3. 熟悉角色所处的环境，理解环境。在影、视、剧的生产过程中，剧作家会提供真实的环境，这其中有真实的自然环境，也有美工制作的模拟环境，这都是给演员提供的借景生情、触景生情、身临其境的创作环境，为演员产生有血有肉的人物形象提供了创作素材。

4. 认真挖掘角色所处的规定情境，从而掌握角色所特有的内、外部性格特征。人物行动是塑造人物形象的基本手段，而人物行动的真实性是受着规定情境制约的，只有认真地挖掘剧作家提供的规定情境，演员才能准确地找到人物行动的具体内容和根据，因而才能体现角色的内、外部性格特征。

5. 通过导演阐述，演员进一步确定自己所扮演人物形象的基调。确定角色基调是演员创作角色的一项主要工作，一旦角色基调确定，演员的创作就要围绕基调来展开想象，如寻找人物的性格特点、气质、穿着打扮行动坐卧的姿态、人物素质、文化教养、职业、身份等等，这一切都要以角色基调为准绳，用以检验演员的创作是否准确。简单地讲：角色基调就是角色性格的基本特征。

6. 影、视、剧艺术是综合艺术。影、视、剧演员要充分利用综合艺术的特点，紧紧抓住它给予演员的"多种维生素营养"来进行自己的角色创作，如服装、化妆、道具、摄影、灯光、录音、美术、音乐、音响、造型、时间、空间……，使自己创造的角色融于元素当中构成一幅色彩丰富、内心充实、有血有肉、非常鲜活的动人画面。影视演员虽然处在影、视片中的"元素"位置，但它有突出的活力，发挥主观能动性，具有吸收其他综合元素的能力。演员根据角色的不同职业、性格、年龄，塑造出"只有这一个人"才有的特点。除此之外，演员要有一个好嗓子和可塑性很强的形体条件，还要有鲜明、准确的节奏感，灵活、快速、机敏的心理、形体反应能力，也就是我们常讲的演员的应变力。另外，演员都应具备塑造人物语言的能力，基本能说各种地方语言，能模仿各种人在不同的状态下、不同规定情境下的语言特点。

7. 表演艺术是感觉的艺术。感觉，这个概念大家都知道，但是很难说清楚，因为演员创造角色的艺术感觉，有时是不能用语言表达的，它只能意会不能言传。影、视、剧演员是靠自己的身、心来演戏。演员创造角色的体现手段包括：眼、耳、鼻、舌、身，也就是我们常说的五觉，它是：视觉、听觉、嗅觉、味觉、触觉。演员在角色行动中逐渐积累各个部分感觉，最后形成角色的完整的内心自我感觉和形体自我感觉。有了这两种感觉，演员就能塑造出角色的内部性格特征和外部性格特征，最后形成完整的艺术形象。但要强调的是眼睛——心灵之窗的锻炼与运用。不能是眼大无神，演员的眼睛要会"说话"，通过眼神的表现，传达出角色的思想与情感，体现出角色的内心世界；脸部——演员脸部的肌肉要灵活、自如。当剧情发展到"天塌地陷"或"喜从天降"，这么大的激情事件，演员的脸上不能无动于衷，毫无表情，那样观众会认为这个演员是"死脸子一个"。规定情境迅速变化，而且矛盾尖锐时，演员的表演要情随意转，切忌同一副面孔，一味地"玩儿深沉"，这就脱离了创造角色的正常轨道。"玩儿深沉"是十分要不得的。

8. 评价一个演员是否会演戏时，总是说他演得生活、真实、自然。其实演员创造角色要达到生活、真实、自然是很难的，因为它是在创作状态下，有规定情境的制约，因此这个生活不是实生活，而是经过选择、提炼的，经过艺术加工的生活；真实是艺术的真实，它具有假定性。它是具有创造性的美学价值的真实；自然不是自然主义的自然，而是演员

心理、形体很松弛，在规定情境的制约下达到的自然。总之，这个生活、真实、自然的标准，需要综合艺术各部门的努力，演员更应该经过艰苦的艺术劳动，不懈地、精益求精地追求这个高标准。电影、电视剧、话剧都应该具备以上条件。作为同属现实生活形态式的表演艺术，电影、电视剧和话剧在历史发展的进程中，客观上必有它们之间的内在联系。说它们之间有着亲缘关系，是姐妹艺术，并不过分。

9. 有很多著名作家创造了许多人物形象，该形象都是活生生的，淋漓尽致地剖析了人物的喜、怒、哀、乐，通过人物丰富、饱满的情感，揭示出社会的本质，给人以启迪和教育。表演艺术家经常说这样一句艺诀："戏无情不动人，戏无理不服人"。 其中的"情和理"就是指的表演艺术的角色情感和准确的角色行动。影、视、剧演员一定要重视角色情感。因为角色情感是有感染力的情感，艺术性很浓的，诗一般的情感，它具有美学价值。

10. 电影、电视剧、话剧都很重视生活，要求演员必须先体验生活和深入生活。演员不熟悉剧本中提供的生活，不熟悉自己扮演的角色生活，就不能全身心地投入创作。如此的表演就虚假、不真实、做作、夸张，是在表演角色，表演情绪。演员要想创造的人物形象生活化，首先演员的自身要"化生活"，要消化与吸收有关角色所需要的一切生活依据（生活习惯、生活方式、角色的生活细节等）。电影《咱们的牛百岁》的导演赵焕章讲："生活是艺术的源泉。一定的生活经过艺术家的选择、提炼、加工制作成艺术情节，而这些情节又必需通过生活的真实形态展现在银幕上，方能亲切感人。为了达到银幕上的生活化，演员必须走进生活。当塑造农民角色时，我们专门安排时间深入农村，熟悉人物，特别是各自与生活原形交朋友，探索他们的思想感情，揣摩他们的脾气秉性和言谈举止，并拜农民为师，苦练田间和家务劳动。推车、撒粪、烧火等等，样样都学。演员的皮肤晒黑了，臂膀变粗了，手心磨出了水泡，但都换来了农民观众的一句沉甸甸的评语——真像我们农民！" 在拍摄影片《金光大道》之前，我也下农村劳动，深入生活，寻找农村人的生活习惯和言谈话语，等等。拍摄影片《车水马龙》，我扮演男主角"马大车"，我这个地道的北京城里人，连小毛驴都不敢碰，怕他踢我。为了贴近生活，在农村跟真正的车把式一起赶大车、送粪、送菜、送瓜、喂牲口等等，较长的深入生活，使自己初步掌握了车把式的日常起居和车把式的生产方式、生活习惯。经过亲身体验、观察、模仿，逐步找到了"马大车"的角色自我感觉，确定了"马大车"这个人物独具的傲、倔、粗、灵的形象基调，然后投入拍摄，才获得表演上的成功。由此可以得出下面的结论：无论是电影、电视剧、还是话剧，演员没有生活，就没有权利创作。

作为艺术形态，电影、电视剧、话剧还是有区别的。简单地讲，电影、电视剧是镜头艺术，话剧是舞台艺术。二者都是用不同的艺术手段来完成创作任务的。我不是影、视、剧的文

艺理论家，我只是想以我几十年的影、视拍摄和剧场排练演出话剧的经历为依据，谈谈自己的点滴体会和粗浅的看法。在阐述问题之前，因为电视剧用同是现实生活形态式的镜头拍摄，影、视演员都是在镜头前表演，所以我把电视剧的镜头前表演归纳在电影镜头前表演里阐述，不再单独谈电视剧，有机会再讲电影与电视剧的异同。

影视拍摄的非连续性

电影、电视剧生产是靠镜头拍摄来完成的，是导演与二度创作的各个部门协同工作，密切配合，一个镜头一个镜头地拍摄，而且由于季节、时间、环境、演员的调动等等因素和条件的限制，不能按影视剧本的顺序拍摄，这就决定了影视生产是间断性与非连续性的。这些因素使影视演员很难有一个连续不断的表演过程。比如：夏末，秋初，大连最好，于是安排在大连先拍"夫妻"两人带小孩逛公园，由于种种原因，隔了很长时间，又在河北省某地再拍"热恋中的俊男美女"到民政局办理结婚登记。总之，根据拍摄安排，有时按顺序拍，有时隔着拍，有时倒着拍。这种不连续、不按顺序的拍摄是影视生产的正常创作，这就很难使演员有一个完整的角色自我感觉。镜头的拍摄时间是几秒、十几秒或几十秒不等，一次就拍这么点儿戏，可是演员要花出很大的艺术劳动，才能把角色的精华部分摄入镜头。同时，还要给演员在拍摄瞬间前的镜头做好准备和拍摄后进入下一个不同规定情境的镜头拍摄，做好准备。也就是说，拍 B 镜头，要把 A 镜头和 C 镜头设计好，应对以后的拍摄。否则，就会给演员将来的拍摄造成被动，不能有机而生动地把非连续的镜头很有逻辑地串连起来。因此它还要求演员要有速进、速出的创作本领。即迅速进入规定情境，找准人物的感觉，把握角色行动的表演分寸，投入镜头的拍摄。又要求迅速跳出上个镜头表演的一切创作感觉，马上进入下一个毫无连续性的镜头拍摄。演员的表演创作是断断续续的，根据不同的规定情境和场景而产生的非连续性的拍摄，导演很可能先拍 4 镜；7 镜；9 镜，颠倒之后，再拍 5 镜；8 镜；10 镜。演员在这不按顺序不连续的拍摄过程中，要很好地把握角色的整体性，要始终保持角色的完整基调。要求演员在素质方面要具有逻辑思维和形象思维的能力。在演员的脑海里永远让完整的连续性的认识来指导非连续性的创作。

影视艺术是"遗憾的艺术"

我认为之所以说影视艺术是"遗憾的艺术"，原因就在于影视艺术是"一次性生产"的艺术。俗话讲："过这个村儿，就没这个店儿！"只要导演喊"过！"这个镜头就算拍摄完成，没有任何更改的余地。如果二度创作其他部门出问题，可以重复再拍一次，或是大场面为了拍摄镜头保险，可以再拍一次或两次，这要征得导演的同意。但总体讲，导演

为了演员在镜头前表演得真实、生动和鲜活，往往都是一次拍摄就"通过"。通过之后，就是"铁板钉钉"，不能更改。如果演员拍了一条，导演没通过，又拍了四五条或七八条，还没使导演满意，很可能就要换演员了。影视拍摄是一次性的，因此我很珍惜拍的"第一条"，每次拍摄镜头之前，都很用功，做好拍摄前的创作准备，无论是电影、电视剧，一般我都是"一条过！"，有时也因客观原因而拍两条或三条，说实话，我真实地感觉还是第一条鲜活、生动、生活、真实、松弛、自然，比二三条要好，导演也这样认为。重复拍摄不一定比第一次好，相反没有了新鲜感，当然，也有的演员出戏慢，拍了二三条，才真正找到感觉，表演得很出色。总之，不同的演员有不同的创作方法，不是千篇一律的，以上只是我个人的体会，仅供参考。

借视线表演

演员在镜头前的表演，明明应该看同演者的面部或眼睛，但是由于拍摄画面构图的需要，于是要求演员偏离应该注意的对象，改看对方的左耳或右耳，头顶或下巴，有时干脆看摄影机旁的某人拳头，还有更简单的指挥：看画左；看画右！看着这样的对象（应该对面是有血有肉的活人），要求演员与之交流思想、情感、语言和行动。就我个人的创作体会：借视线要找准交流对象的注意点，有了鲜明准确的注意点，就能使目光投射到目标上。这种表演方式要求演员一定要有很强的以假当真的本领和高度的"假使"能力，纯真的信念感，以及高度的注意力集中和随机应变的能力。否则，容易失真，甚至引起拍摄失败。说一千道一万，拍摄特写与近景镜头主要是靠演员眼睛的表演，没有注意点，眼睛就会散光，眼前就是雾蒙蒙一片，也就是没打开心灵的窗户，此时演员表演出来的形象，就如同没测好焦距的画面，模糊不清。借视线的表演，选好注意点是十分重要的，注意点选准了，角色的内心情感就能通过眼睛体现出来，因而眼睛就会"说话"，就会传情，就会刺激对方。借视线表演的关键是确定注意点的精确位置，有了准确的注意点还不够，还要把它当成活人，有灵魂、有情感的人，演员不光是把自己要说的话传达给这个人——注意点，还要掏心窝子把自己的情感倾诉给这个人——注意点，演员就可以真实、生动地与无实对象交流，镜头通过眼睛就能拍出有血有肉、有情有感、活灵活现的人物形象。

导演·演员

导演是影片生产过程中艺术创作的负责人，对剧本、人物、影片风格样式，对冲突、事件的理解，对服、化、道、摄、录、美的要求等等，导演都要对全体演职人员进行导演阐述。我每到一个摄制组要认真研究、分析导演阐述。但我也经常遇到这样的问题，拍完上个组，才赶到这个组，人家导演阐述早讲完了，已经开机拍摄了。再看文字的导演阐述，远不如

当场目睹导演热情、生动，甚至是有煽动性的阐述来得实在。所以我订立了私下与导演交流的规矩。交流的内容都是创造人物的内、外部性格特征等一系列问题。总之，与导演交流已经成为我每到一个摄制组之后的创作习惯。说实话，导演阐述是对整部影片的要求，不可能对所有演员及其扮演的角色阐述得面面俱到。特别是导演谈演员构思时，我总觉得导演谈的理性多于感性，甚至有的导演不太愿意给演员设定条条框框，提出种种希望和要求，可能是想让演员发挥出色的表演才能。总之，演员听了导演三言两语的提示，感觉"不解渴"。但我也有获取表演上不走弯路，与导演做聊天式的沟通的经验。无论是在餐厅吃饭还是路上相遇而行，我就一而再、再而三地跟导演聊天，聊天气预报，聊与演员的合作……，最后聊到如何把握自己扮演的角色分寸……，导演的"话匣子"一开，我就会获益匪浅。在与导演聊天和交流的过程中就能获取很多对角色创作有益的启发与提示。比如我的大学师姐郑振瑶，她在影片《邻居》中扮演"明大夫"，在和导演探讨与交流角色创作时，她是这样说的："导演说：'在楼道里，她是默默无闻的，话最少，想的却比谁都多，都深……'，这是我触摸明大夫心灵的起点。为什么她想得深又默默无闻？想象的翅膀展开了，角色的生活在演员的视野中活跃起来，我想起了自己，想起了和自己同时代的人们。"她与导演交流时，使自己想象的翅膀展开了。因此，她创造了一位含蓄深沉，充满纯美心灵的人物形象。在电视剧《病房浪漫曲》中有四个角色都是神经病老人，我扮演其中一位，名叫"万一道"。已经开拍两天了，可四位"患者"的病情和形象还是没区别开，导演对四位老演员很客气，很尊重，让我们四位神经病扮演者别着急，导演越这样说，我越着急。"万一道"的神经病有多重？是什么型的病？不太清楚，表演幅度如何把握，我信心不足。正在百思不得其解的时候，"无巧不成书"的机会来了！有一天，我和导演回家取东西，坐同一辆小汽车，这个交流机会多难得呀！我用探讨和启发的方式跟导演说："'万一道'是四位病友中最年轻的，又有力气，他的病重吗？"小汽车里的气氛充满喜悦与和谐，导演说："别人哭您笑，别人笑您哭，别人说悄悄话声音很小，您放开嗓子大声嚷嚷，您把这演出来就行了。"导演这一席话对我启发很大，内心里像演电影一样充满了"万一道"的形象性格特征和形体特征，内心视像如走马灯似的在脑子里旋转了起来，导演在汽车里的聊天增强了我创作的信心。我憋了几天的不准确的形象构思终于开窍了！1995年我扮演的"万一道"荣获了江苏省第十一届优秀电视剧评奖最佳男配角奖，跟我这次与导演在汽车里的聊天与交流是分不开的。我认为演员应该积极、主动地虚心听取意见，在创作角色方面要多问、多听，经常与导演交流，希求得到导演的指教，对演员的创作是很有帮助的。我们常常说导演是演员的一面镜子，演员把戏演对了，或者演过了，演得像温汤水，演得过火，没演到家，演得不准确等等，好的与不好的，他都能照出来。但谁能帮助你纠正呢？谁能自始

至终看你在镜头前或者在舞台上表演呢？这时候你只有唯一的一位朋友，这位朋友就是导演。在摄制组，演员一天也离不开导演，所以演员要自始至终保持在创作上和导演的探讨与交流。导演"这面镜子"永远伴随着你，他既和蔼可亲，又铁面无私，他给演员增强创作信心，产生角色激情，他是演员创作好人物形象的亲密朋友。

演员·人物形象

演员从阅读剧本开始，从中了解剧作家描写的故事，在故事中了解剧中的人物……。从演员的形象、气质、表演素质，以及演员看完剧本之后，所阐述的宝贵的"初次印象"，经过表述之后，使导演对演员有一个初步的了解。从影、视、剧的创作角度看，大家都希望创作一部好作品，剧本好、导演好、摄影好、演员好。不希望出现剧本不好靠"人（演员）保戏"也不希望演员戏不好靠"戏保人"，当然这是一个复杂的调度程序，就演员与人物形象两者的关系看，它是密不可分的。演员从阅读剧本、熟悉角色、挖掘角色的内心生活，体验人物形象的性格特征，深入人物形象的内心世界，直至产生内心视像、梦中的语言和形体动作记忆等等，这一系列的心理活动过程，是人物形象——我们经常称它为第二自我，在演员的第一自我中挤占心理空间的过程。我们在艺术创作时经常讲：演员与人物形象的关系是"恋爱"的关系。演员对剧本理解得越深入，便对自己创造的人物形象越接近，并逐渐产生人物形象的内心感觉。这个过程对于演员创造人物形象是非常关键的过程，因为演员与人物形象的"恋爱"过程是双方彼此熟悉和深入了解的过程，但这个过程不意味着"结婚"的必然结果。可能经过理解、熟悉的过程，双方认为不合适，没有进一步达到"结婚"的必要，可能就告吹了。这说明了演员的条件与人物形象的标准差距较大，人物形象的第二自我很难在演员第一自我中占领和获得人物形象的全部感觉，更不能在演员第一自我的心理空间中占有一席之地。演员的条件与人物形象的标准相差甚远，演员要有自知之明，影视界有过教训，演员千万要牢记：不能过分地估量自己，更不能不择手段地强求，否则就是失败。演员要切记：强扭的瓜不甜。演员创造的人物形象，失败的例子也不少。当然也有另一种情况，演员与人物形象在气质上，外形、外貌上很相似，双方一见如故，一见钟情，缘分使他们相亲相爱，走到了一起。在阅读剧本阶段，演员就喜欢或者可以说是酷爱剧本及其提供的内容，包括：生活、环境、丰富多彩的时间、空间和场景，饱满的人间感情，生动鲜明的人物性格，演员很熟悉人物形象的生活，很理解人物形象的感情和它的内心世界。演员有一种艺术创作的冲动，积极调动自己的表演素质，发挥自己的创作才能，用丰富的想象力和饱满的激情给人物形象注入活力，使第一自我与第二自我越贴越近。演员每讲到剧中的生活，眼前就活灵活现剧中的各种人物形象，想到剧中的规定情境，马上就身临其境地行动起来。演员与人物形象虽然目前还属于"恋爱"关系，但他们会越爱越深，他们一定会"终成眷属"。演员与人物形象就会成功地贴在一起，创造出一个生动感人的艺术形象。

演员要适应不同景别的拍摄

　　景别不同，演员在镜头前的表演也不同，如：大特写、特写、近景、中景、人全、大全景等等。导演在指挥拍摄过程中，会采用各种不同的摄影手段让演员在镜头前表演，演员的表演要迅速适应和调整到景别的需要，根据导演和摄影的要求，掌握好表演的幅度与分寸，使角色的心理与形体符合真实有机的角色行动和画面的要求。如：在拍摄电影《金光大道》时，在村口高台阶有一个长镜头是采用升降机拍摄的，开始是镜头对准"发家致富"的奖状，然后升降机拉至最高点，画面成全村群众的大全景。这场戏是张金发、冯少怀与秦富在高台阶前当着全村群众，洋洋得意地看"发家致富"的奖状，摄影采用大特写

許氏資料收藏

图288　1973·《金光大道》上、中集，长春电影制片厂，饰冯少怀，中

对准奖状和少怀用右手爱抚地轻摸奖状，少怀说："真不错！"说完，由大特写拉成三人中景，此时冯少怀说："秦富！别留钱下崽了。"由中景速拉成大全景，冯少怀随着拉大全景的过程中说："赶快拴车，"升降机到位，冯少怀："发吧！"说完台词。（图288-289）在这个长镜头的拍摄过程中我逐渐体验了特写表演、近景表演、中景表演和人在大全景中的表演。以上几种景别的表演幅度与台词音量，基本上应该与日常生活的幅度一样。

图289 1973·《金光大道》上、中集，长春电影制片厂，饰冯少怀，前排右二

但景别不同，在表演幅度与方法上有时也稍有不同，如拍一个人的近景，并且要求这个人双手捧起礼物送给无实对象，如果按日常生活要求，把礼物放到腰带高度就可以了，但近景镜头带不上礼物，这时就要求高于生活，把礼物高抬到胸前，这样拍摄近景镜头就合适了，观众看着也舒服，但演员就有些表演不生活、不舒服了，这时导演在旁边就会喊："适应！适应！"人在大全景中的形象比近景形象要缩小十几倍，人在画面上占非常小的位置，有时像蝴蝶大小，有时像小蜜蜂一样，这时的表演幅度比话剧舞台上的表演幅度还要放大十几倍，否则观众什么也看不见。一个优秀的演员要有适应摄影不同景别的表演应变能力，这也是影视演员的必修课。

导演是"中心"，演员是"元素"

"西方的传统美学原则比较强调客观现象的认识和忠实摹拟。在艺术方法上要求具体、细致、真实，创作的艺术形象近似或逼真于自然生活形态。起源于西方的电影，是符合这一美学原则的。1895 年法国的卢米埃尔兄弟第一次用电影手法拍摄了'火车进站'、'工厂的大门'、'街头即景'等等短片，实际是对景物的照相，或者称'活动照相'，它们真实纪录了火车进站、工厂上下班、工人和街头实际情境，是纪实性很强的。美国的爱迪生拍摄了'动物表演'、'歌舞演出'、'拳击比赛'等等短片，但基本上还是纪录当时的表演比赛，纪实性很强。"总之，电影从一开始就展示科学技术发明，是拍摄和反映周围环境的，因此，电影艺术的特征是以"电影技术为手段以画面的音响为媒介在银幕上的时间和空间的形象再现和反映生活的过程"。如此的电影特性就决定了导演的中心位置。当时的表演与比赛，纪实性也很强。演员和其他画面构成因素一样，只是其中的一个元素而已。作为电影表演艺术的体现者的电影演员，不同于舞台上表演的话剧演员，其根本区别就在于电影演员是在镜头前表演，电影表演美学观念要求演员的表演要与画面构成的其他元素相吻合，相一致。根据时间、空间的错综变化，导演运用蒙太奇手段，在连续不断的画面中，演员表演保持恰如其分，在整个影片完成后，演员的表演能与影片中其他构成元素相和谐，可见，电影演员的"元素"性质，就决定了在综合艺术的电影中缺乏独立性、自主性。从这个意义上讲，影视艺术是完完全全的导演艺术，导演是中心，面对综合艺术中的各种元素，尽管演员这个元素比其他元素更有主动性和能动性，但在导演使用元素和调动元素方面，以及导演运用蒙太奇手段方面，演员始终不能改变在镜头前的表演。影视艺术是综合艺术，它由诸多元素组成一部完整的影片，演员是诸多元素之一，它永远改变不了"演员是元素"的地位。

为了强调影视艺术是镜头艺术，演员要在镜头前表演，可以说，这是影视艺术的特征，

完全不同于剧场艺术或称舞台艺术。当然，影视艺术还是综合艺术，除服、化、道等元素之外，还有音乐、音响等等。我只是为了强调影视艺术与其他艺术门类的不同，特别是和同属现实生活形态艺术的话剧的不同，谈了自己对影视艺术特征的点滴体会。

下面我想就电影、电视剧的姊妹艺术——话剧，谈谈自己的粗浅看法。

话剧艺术是演员的艺术

"中国传统的美学原则，更侧重于主观对客观的感受和在客观中的寄托与抒发，而不侧重于认识、摹拟。在艺术方法上要求更提炼、概括、凝练，不以外在的逼真为最高境界，而追求内在精神实质的把握，中国画、中国戏曲，甚至是现实生活形态式的话剧艺术都体现了这一美学原则。"

我统计出大概演过大大小小的24部话剧。如果说，观众称我是会演戏的话剧演员，那这个成绩应该归功于我的母校——中央戏剧学院，还有我的老师、同事、同学、同演者，以及在剧场里观看我演话剧的、热情支持和喜爱我的观众。我是1955年考入中央戏剧学院表演系的，入学时我19岁，在25位同学中间，只有七名是本届高中生，其余同学都是长期活跃在舞台上、有很多演出经验的演员，我很幸运遇上这样的老大哥和老大姐作为同班同学，使我除了从老师上课获得知识以外，还从同学身上学习了不少知识。表演系55班同学除了师从本校老师学习声、台、形、表等专业课之外，学院还外请了戏曲和曲艺专家来上课，更幸运的是我们的欧阳予倩老院长，亲自给我们上台词课。他亲切、细心，在读台词时一丝不苟地严格要求我们，使同学们很感动。老院长除了在学院教室里给我们上课之外，他还经常惦记着我们，有时还让同学们去他的家里上课。在我的记忆里，老院长只给我们55班上过课，我们独享了老院长对我们班的关怀。（图290-291）

欧阳予倩老院长一生创作了21部话剧，其中在1947年由京剧改编的《桃花扇》至今为话剧舞台的保留剧目。《桃花扇》也成了中央戏剧学院表演系55班排练的毕业剧目之一。我有幸又一次得到了老院长的帮助和指导，在《桃花扇》中扮演"阮大铖"。这次毕业巡回演出期间还有个小花絮：《桃花扇》在成都巡回演出时，由"四川人艺"演员白天陪我们到成都各处游玩和参观。陪我的是一位"四川人艺"的中年女演员，她跟我说话总是"您"、"您的"，我说："您是老师，您就叫我许忠全吧。"她问我多大了？我说："23岁。"她听了很吃惊地说："你扮演'阮大铖'演得那么好，我看你不是23岁，而是43岁吧？"我愣住了，对这样的夸奖无言以对。

1990年至1992年为了给欧阳予倩老院长筹集出书的资金，学院组成了"中央戏剧学院校友艺术团"。成员不多，有许忠全、巩俐、史可、谢芳、冯巩、石维坚、王仁、胡宝

图290 1956·欧阳予倩给大二学生上台词课，后排坐者左一

图291 1956·欧阳予倩给大二学生上台词课，站立者右三

信等约 20 位演员，由校友鲁杰担任团长，罗国芬老师负责演出团的演出安排和全团的一切事务性工作。我除了担任演员演小品之外，主要还是担当每次演出的节目主持人。（图292-295）

　　演话剧，使我能长时间地在舞台上过着角色的生活，长时间地体验角色的内、外部自我感觉，在舞台上根据剧情的发展，有时激情、有时欢笑……，每天演出，每天在舞台上跟同演者交流思想情感和体验人生的悲欢离合。演员在舞台上津津有味地过着"戏瘾"。话剧演员在演出前要经过无数次排练，在演出中，与观众的间接交流，与同演者的直接交流，是话剧演员精神生活的最大享受。在连排或每天的演出中，可以时刻纠正不真实、不准确的错误表演，通过不断地演出，与同演者交流而产生新的、鲜活的即兴表演，同时可以调整和重新设计演员连续性表演时的精力等等。我从 20 来岁的青年演员逐渐成长为国家一级演员，一生中获得了不少荣誉，这些都应归功于话剧，是话剧培养了我，是话剧给了

图 292　1990·与学生巩莉演小品，中

我丰富的营养，没有话剧就没有我影视艺术的今天。我不能和国际上的大牌明星相比，但他们对话剧的重视程度，是值得称赞和值得借鉴的。例如"曾经主演《克莱默夫妇》、《午夜牛郎》、《毕业生》等影片，又因主演电影《雨人》获得奥斯卡最佳男主角奖的美国著名演员达斯汀·霍夫曼便经常放弃优厚的拍片条件而参加舞台剧的演出。他说：'观众是我最大的营养来源，所以赔本我也干。'日本著名女演员栗原小卷也经常参加舞台剧的演

图 293　1990·与学生巩俐在河南开封参加校友艺术团演出后合影

图 294 1992·中央戏剧学院校友艺术团演出与史可联合主持

图 295 1992·中央戏剧学院校友艺术团演出与史可联合主持

出，她曾经来我国演出过话剧《四川好人》。著名的美国电影演员格里高里·派克说过：'我在电影表演上取得的成绩，要感谢我的话剧背景。'"我们中央戏剧学院表演系、导演系、戏文系和美术系等一大批学生，他们学的都是话剧艺术，而后都成了当今走红的中国和国际明星，有的成了电影方面和电视剧方面的骨干力量。我国老一代著名电影导演和电视剧导演大多数都是出身于话剧，也有的原来就是话剧导演。其实优秀的话剧演员有极强的应变能力。除演员之外的影视综合元素，都要求以自然界真实物质为基础，如实实在在的环境；实实在在的时间、空间；实实在在的道具——汽车、马车、牲口，等等。总之，镜头所拍摄的一切都要求以真实的物质为构成画面的素材，演员扮演的角色要生活在真实的自然环境中。没有狭小的、假定的舞台时间，没有一两千观众的视、听监督，演员纯粹在一个自然、真实的环境中进行创作，这样当然增加了表演的真实性与信念感，使演员进入了一个贴进生活、较真实的规定情境中，达到此时、此地我就是这个人物。

话剧的主要任务是塑造人，舞台上的一切元素如：服装、化装、道具、布景、灯光、音乐、音响、包括导演构思等等，都要围绕着为演员塑造的人物服务。一个好的话剧演员都有利用舞台上其他元素，消化导演构思，体现导演意图的功能。最重要的一点，就是话剧导演构思是要"死"在演员身上，让演员塑造的人物来体现。大幕拉开，话剧开演，此时，如果演员扮演的角色早上场或晚上场半分钟观众就会骚动、就会哗然。这是很危险的，会造成总体舞台艺术演出的失败，因为演员统领演出的节奏和进程，演员主宰舞台上的一切。每场演出的成与败，演员的表演好与坏是关键。所以我们称：话剧艺术是演员的艺术。影、视演员要亲身体验表演艺术的连续性与幸福感，就请来演话剧。因为话剧演员创造角色有相当大的独立性、自主性和责任感。话剧演员能亲身体验舞台上由综合部门（综合元素）配合而产生的艺术效能和艺术感染力；话剧演员也可以享受到与同演者在交流时产生的相互行动的协调一致而产生的综合艺术效果。

话剧是舞台艺术

话剧艺术的视、听效果，"是通过演员的表演，有它特有的传达信息模式，它把原始的表现形态加以选择、提炼和放大，加强表演的投射力，增强视、听的清晰度。作为话剧演员演出时，面对舞台时间、空间和同演者的交流，又面临一两千观众的视、听，演员为了适应舞台演出所必须的远距离的思想、情感、行动的信息投射，增强感染力，在表演上不得不从台词到形体，以至情感、行动上都采取放大式——语言要让在场观众听得清，行动与情感要让观众体验到和看得见。从视听的角度要适应舞台表演与之相适应的协调性与假定性，这就是话剧表演的美学特征。话剧表演拥有自己的真实度、准确度和韵律美，这

种舞台感是由舞台这个特定的创作环境决定的。演员的舞台感是话剧表演美学所决定的，它绝不是有些人误称的——话剧就是夸张、过火、虚假、不真实、不生活……"。话剧演员表演的优劣，从来没有人拿京剧来衡量。话剧演员表演不好时，应该指出演员哪点不好，应该如何改动，话剧排练或演出过程中出现的艺术上、技术上的问题应该在话剧艺术规律中找问题，而不应该批评演员在表演"京剧！京剧！"首先，这样说是对京剧的不尊重。京剧与话剧是截然不同的两个剧种，它们之间是无法类比的。演员听到这样的批评，不但不会明白，反而会更糊涂。明明我是在演话剧，导演为什么说我在演京剧呢？！记得我第一次上镜头，很不适应在镜头前表演，因为我刚刚演完话剧《杜鹃山》的男主角"雷刚"。该话剧虽然是现实生活形态式的表演，但它是从京剧移植过来的，无论是形体动作还是台词，或多或少都保留了一些京剧味，当进入电影创作之后，我在镜头前的表演必须从头开始，对我来说就需要有一个应变和适应的过程。

由话剧舞台表演进入镜头前表演

演员进入到不露痕迹的表演境界，为话剧演员通向影、视表演创造了有利条件。话剧演员首先要理解影、视的非连续的、间断或是不连贯的颠倒拍摄，但总体自我感觉和角色的贯穿行动是完整的，角色的整体性和形象的统一性要自始至终不走型。话剧演员从舞台表演到镜头前表演，是一回生，二回熟的应变与适应的过程。演员极强的应变能力是由舞台感过渡到镜头感的重要保证。在这方面我有切身体会：如1974-1975年，我第一次参加电影《金光大道》上、中集的拍摄，它是长影厂的重点片，也是我第一次扮演这么重要的电影角色。我所面临的情况是：

1. 我在话剧《杜鹃山》中扮演男主角"雷刚"，才演出完，就进入了新的角色——《金光大道》中的"冯少怀"，而且是在镜头前的表演。

2.《杜鹃山》的"雷刚"是英雄人物而《金光大道》中的"冯少怀"则是一个反面的富农分子。

3. 我由舞台上演出正面人物，突然"触电"，转变在电影里扮演反面角色——漏划富农。如何应对这个突然转变，对我来说真要花些工夫。

以上三个问题给我的创造带来了很大困难：首先，我要应变，由舞台表演转为镜头前表演；其次，我扮演的"雷刚"英勇、纯朴、豪爽、正直，在形体与语言上都是很有力度的正面英雄形象，我必须要把"雷刚"的内、外部性格特征急速地扔掉，马上应变成"冯少怀"的表面装怂，但骨子里不服软的自我感觉；再有，我在镜头前，第一次扮演反面人物，在创作上由于缺少生活素材，又没有镜头前创作的经验，对我来讲是困难重重，我认

为在创作上比正面人物还要难演。多亏摄制组的朋友们热情帮助和鼓励，理论上我是懂了，但实践起来还是很难，表演时收效甚微，我在镜头前没有完全改变我的话剧舞台感的表演，两种感觉还在撞车，对演员来说，创作上的苦恼比其他苦恼更难过。从前我认为我是一个适应能力、应变能力都很强的演员，那么我在镜头前表演的应变力到哪里去了？当摄制组看完第一批电影样片时，我情绪可低了，很不满意自己的创作，总的表演感觉是电影不像电影，话剧不像话剧。看完样片中的"冯少怀"，怎么看怎么不是人，不是活人，更不是有性格的人。那些日子是我在艺术创作上经历过的最大的痛苦！看完样片已经是深夜了！只有我一个人还在大街上徘徊，内心真是郁闷极了。第二天我想给摄制组领导写"退演报告"，已经想好了主要内容，不能因为我一个人影响了整部影片的质量。后来一想，我还不能这样做，第一对不起推荐人，第二对不起本单位领导的信任，三思之后，还是收回了写退演报告的打算，但我的心情还是很苦闷。摄制组领导及时发现了我情绪上的细微变化，他们耐心地向我做了劝说和解释工作："样片还没有经过导演剪辑，没有台词、没有音乐、音响，也没有动效，就不能肯定样片好与不好……"如此才让我定下心来，重新鼓足勇气继续完成拍摄。刚开始时我确实不太熟悉电影的生产环节和电影生产的流程，作为话剧演员只好认真地熟悉电影、了解电影、掌握和体验在镜头前的表演，于是我下定决心"触电"！当然开始"触电"总要有一个过程，需要循序渐进。关于"触电"，也就是话剧演员接触电影、电视剧，那是我在 1975 年总结拍摄电影的体会时第一次提出来的，说"触电"当时是想幽默一下。从艺术实践中才体会到，影、视艺术特征和话剧艺术特征在表演艺术规律上是截然不同的，话剧与影视表演在某种程度上讲是存在质的差别，我要把话剧的舞台感，一步一个脚印地挪到镜头感的平台上来，边学习、边适应、边应变。但是，演员首先要承认影、视与话剧的不同，演员一定要认清舞台是舞台，镜头是镜头，一个是舞台表演，一个是镜头前表演，两者的艺术特征不一样，两者都不能生搬硬套，否则就会出现话剧不像话剧，影、视不像影、视。在二十世纪七十年代末，话剧也在不断地改革、创新，向影、视学习了不少好东西，比如：话剧的化妆，不是浓妆重抹，而是更淡化了，接近了电影化妆，表演幅度也更接近现实生活；剧场微型化了，各大剧院增添了"小剧场"，缩短了演员与观众的距离。演员在剧场舞台上表演，观众的视角固定；观众与演员的距离固定，导演强调演员表演的任何一部分，观众都是通过一个完整的剧场舞台全景看演出，也就是不管如何改革，演员都是在舞台上表演，面对一千多观众，让他们听得明白，看得清楚。话剧艺术始终没离开舞台的创作规律，也就是我们常说的话剧演员的表演要有舞台感。

就我所读过的表演理论文章而言，一些研究专家在分别阐述电影艺术的特征、电视剧艺术的特征和话剧艺术特征方面，观点明确，逻辑清楚。但在论及影、视、剧表演艺术理论时，

有些观点和谈法，我认为值得商榷。比如：有的研究专家认为"与影、视相比话剧表演夸张、不自然"；"话剧演员的表演和声调、形体动作夸张、表演过火、不生活等等"。在我从事影、视创作过程中，也时常听到导演批评演员时大声喊叫："不对！不对！话剧！话剧！"凡是遇到演员的表演不符合导演要求时，或者演员表演不准确时，总容易把问题归结为"话剧"！更有甚者，有些知名度很高的话剧演员在拍了几部电影或电视剧之后，回过头来就否定话剧，并说："我认为话剧太夸张了，不真实、不生活。电影，电视剧要求很生活、很自然……"这样里外夹攻话剧，实在使我们从事话剧表演教学的人，感到不理解和吃惊。因为我们中央戏剧学院表演系在话剧表演课堂上，向来要求学生很严格，绝对不许过火表演，不许夸张、虚假、做作、不自然的表演，更不准没有生活根据的、不生活的表演，而要求学生在舞台上表演时要真听、真看、真思考、真感觉、真做。创作角色时不怕出不来情感，就怕挤情感，更不允许表演情绪。有的了解话剧艺术的影、视评论家公平地说道："现在一谈电影表演的虚假，往往就说成话剧式的，这很不公平。其实，矫揉造作的表演不但为电影所不容，也为话剧所不容。"是的，要不然中央戏剧学院怎么培养了那么多的影、视明星呢。想来想去，为什么会出现否定话剧的种种言论呢？我想也应该从话剧方面找找原因。在二十世纪七十年代末开始，特别是改革开放以后，电影、电视剧，蓬勃发展起来，一大批话剧演员冲进了影视圈，给影视生产增添了生力军。绝大多数话剧演员在影、视、剧创作领域应变能力很强，很快就熟悉了镜头前的表演，而且很出色地完成了影、视角色的创造，从中国明星走向世界，成了国际影星。当然也有极少数话剧演员没迈过影、视表演这个坎儿，没能从舞台表演跳到影视表演。其实，原因也好找，为什么把舞台表演原封不动地搬到镜头前表演呢？这就是在镜头前不能适应影、视表演的要求，归根结底，就是这种演员没有应变能力。日常生活中我们常讲"随机应变"，这个"机"我们可以解释为客观事物，而客观事物在变化，我们能原地不动，或原封不动吗？当然我们要适应，要应变，对客观事物的不断变化，我们要有迅速、准确的判断和最新的认识。另外这个"机"也可以解释为摄影机。如果拍摄影、视，就希望话剧演员应变到摄影机前表演，把舞台感变成镜头感。在话剧界也有个别演员，对话剧有一种固定模式的表演，这种固定模式的演员说台词有固定的调儿，发声靠后，经过摩擦声带发出来"嘎"的声音，有的演员很欣赏这种声音，说它又脆又亮，叫做"嘎音"。其实这种演员用"嘎音"演什么都是一个味儿，从语言上讲，不能创造出多种人物形象。这种演员，形体动作包括手势一旦固定，就一辈子不能更动，任何人，任何导演也改变不了他。这种演员转到镜头前表演，就正如前面导演说的"不对！不对！话剧！话剧！"这种演员在话剧界不分年老年少，不分资历长短，演起话剧来也不是很好，更不是很出色的。这样的演员，影、视界不满意，话剧界也不喜欢。他一个人表

演不准确，不能找到表现人物的内、外部性格特征和人物的核心基调，不能把人物的舞台感觉应变到影、视镜头前的表演。这样，导演批评了他，也冤枉了整个话剧界。我在青少年时代就对德高望重的、我很尊敬的影视明星表示崇拜，特别是老一辈影、视表演艺术家，他们演出的话剧，我每场必看，他们创造的话剧形象给我留下了很深的印象。他们的镜头感和舞台感都很好，想象力也很出色。他们的应变力也是极强的，在拍摄影、视时能自如地运用速进、速出的表演技巧，演话剧时，把镜头前表演的感觉能迅速跳出，并毫无保留地甩掉，又把舞台感觉迅速引进，应变到剧场舞台上表演。但是也有极少数的电影演员迈不过话剧舞台感的门坎儿。他们在舞台上演话剧，总是用电影景别中的特写与近景的幅度表演。观众看完他们的表演，首先感觉是声音小而听不清、听不见，台词听不懂，形体可塑性很差，表演缺乏力度。多年来有关话剧表演与影视表演在观念上的讨论一直未断，比如"纯化表演"、"淡化表演"、"原始生活形态化表演"、"模糊表演"、"不表演的表演"等等论点。听了和看了这么多高深的表演理论真使我眼花缭乱，目不暇接，由于我的理论水平有限，没有能力理解和运用，我只好先紧紧抱着表演时的"生活化"来指导我的一切艺术创作。根据我时间跨度近60年的艺术实践，我仍然自认为在影视界和话剧界还是一名新兵，只会精益求精、一丝不苟、认认真真地演戏，但上升到表演理论，还是很难用一句话，来表达同意或不同意这些"化"的表演理论，因为我个人认为生活是一切创作的根据，生活是艺术创作的源泉，生活是维持艺术生命的营养。要想演好戏，首先得懂生活、会生活。电影、电视剧、话剧这三种表演形式同属于现实生活形态式的表演，这种表演是没有什么模式的，它不受任何"化"的限制。三者表演形式的限制与规定不在某种理论指挥下，而是存在于三者的艺术形态中，存在于演员的艺术实践中，存在于演员对生活的真实体验中。我在1974年拍的电影《金光大道》上集，时隔六年之后，1980年又拍了电影《车水马龙》，两部影片都是农村题材，在其中我都扮演了赶大车的车把式，光体验生活，学赶大车就学了近三个月。体验生活当然有成绩，如今我已近80岁，现在拿起鞭子一甩"啪"的一声，车把式的自我感觉马上在我身上体现，语言、形体活脱脱的就是车把式了。作为演员如果没有角色的生活体验，就没权利进行艺术创造。我认为生活是创造角色内、外部性格特征的一切根据，有了生活，演员创造角色就有了底气。影片《邻居》获得了金鸡奖，导演郑洞天说："一部声言追求生活化的电影，却请来了一台话剧演员，现在不少同志对这个问题很感兴趣……。我们在选演员时，并不认为目前电影表演的不生活，要怪罪于话剧演员的进入电影。有意思的是，恰恰是把这些话剧界的同志请来以后，引起了不少类似上述观点的议论和担心……。事实证明，这些有着多年塑造人物经验的话剧表演艺术家和有着过硬表演基本功的舞台演员，一旦进入了我们提供的银幕实际生活情境，

他们并不难达到电影所要求的生活化表演的意境。比如喜凤年这个人物胆子并不大，为什么竟敢当众打人？我们的分析是，当时的情景，他并不完全是对吴科长徇私而爆发的义愤，主要是他在邻居们面前说过大话，如今大伙白干了一天，房子却没要来，他面子上实在过不去，这是生活中善良人常有的处境。从导演意图上，我们不希望这一笔通过夸张或人为激化来批评人物造成喜剧效果，而是相当心酸地再现喜凤年的真实心境。演员有了这样实在的内心根据表演就很准确，很充实。"导演肯定了"喜凤年"扮演者——许忠全的表演。同时我也感谢导演，他用心挖掘了"喜凤年""拳打吴科长"的这场戏，如果没经过导演处理，演员径直地表演也行：公共厨房吹了，全楼道老老少少被吴科长耍了，白干一天，真窝气……打！这很简单。可是导演提示让"喜凤年"先看楼道里的邻居们，当他备感委屈、心酸地看着邻居，因自己说了大话而劳累了邻居一整天，"喜凤年"深表歉意。自己难过，心里憋屈。此时强调的不是拳头而是深刻的角色的内心生活。

由此可见，演员在创作人物时，首先要尊重生活，寻找作品中提供的生活，要认真把握在典型环境里的典型生活。在丰富和充实的生活基础上，努力挖掘和真实体现角色的思想、情感和角色的内心世界。把表现人物的千姿百态、丰富多彩的性格特征，提升到具有美学价值的人物形象中。我想在此特别探讨一下我对电影微相学的理解和认识："电影的微相学已成为电影艺术的一个特征，微相表演指大特写、特写、近景镜头的表演，它对表演的影响也是巨大的。细微变化的面部表情包括眼球的闪动，睫毛的颤抖，能揭示面部表情后面潜在的感情和人物复杂的心理活动，通过人物的眼睛与面部表情的变化，看到人物复杂的、细致的、微妙的内心世界与感情。"电影的大特写、特写与近景镜头，是正常人的几倍、十几倍或几十倍，镜头倍数的增大，本身就是巨大的"夸张"。因此，演员对近景与特写的表演要特别细心，认真深入角色的规定情境，想角色所想，要真听、真看、真思考、真感觉，做到此时、此地我在生活中，我在认认真真地行动。微相表演不需要特写与近景镜头以外的任何形体动作的借助，以揭示内心世界为主，要求演员进入创作状态后，要达到心理、形体的松弛，使其生活、真实、自然地体现角色的思想与情感。电影、电视剧与话剧就其艺术性和美学观念讲是三种完全独立的艺术形式，但从"根"上讲三者又是相互吸收、相互融通的。影、视、剧的综合诸元素除了镜头前和舞台表演以外几乎是相同的，三者的表演艺术同是现实生活形态式的表演，演员又是最有力和最重要的创作主体，具有极强的吸收功能和融通其他艺术元素的能力。影、视、剧都要求其艺术作品要达到生活、真实、自然的最高艺术境界。作为演员就必须吸收其他表演艺术的精华使之融通于我自己创造的角色之中。演员应坚决把"过火"、"夸张"、"表演情绪"、"玩儿深沉"、"虚假"的表演排斥掉，否则无论在影、视，还是话剧的表演上都不能算是一个好演员。在影、视、

剧的表演实践中，演员应本着"艺无止境"的精神，不断总结，有所创新，这样成为三栖、四栖的多功能演员是不成问题的。

表演艺术中的"五真"

真听、真看、真思考、真感觉、真做，这"五真"在表演教学的课堂上经常听老师讲，学生们几乎把"五真"当成顺口溜。在影视圈中，特别是演员，听起这"五真"来很熟悉，好像做起来也不难。其实作为艺术创作要真正做到"五真"，我觉得还真不是那么简单。日常生活里也有听、看、思考、感觉、做，但它是随意性的、无选择的，是自然形态的，它没有艺术价值，更没有艺术感染力。而表演艺术中的"五真"，是经过艺术加工，是以导演为中心的创作集体经过二度创作之后确定的。从艺术角度认识这个"真"不是生活中的真，它是由演员创造出来的。演员根据角色的性格基调，按照角色的生活轨迹，深入和体验规定情境并在其制约下，认真地行动，才能具备产生"五真"的条件。为什么总强调真呢？因为真的对立面是假，是假定性的，虽然剧作家是依据生活创作的剧本，但其剧中的事件、矛盾冲突、人物及人物性格特征等等，剧作家描写的人、景、物都是虚构的，要把这些假的，虚构的变成真的，需要进行二度创作的"深加工"。要运用丰富的想象力和学习戏曲前辈的表演经验，"以假当真，假戏真做"。演员要深入挖掘角色的生活，经过创作集体的努力，把虚构的生活变成具有艺术感染力的真实生活，演员在深入规定情境中，要高度注意力集中，真实有效地把控角色的行动，"五真"运用到创作实践中，会使演员创作出具有很高艺术价值的人物形象。在我近60年的艺术创作生涯里，我在运用"五真"方面有如下体会：

1. 真听、真看、真思考、真感觉、真做，这"五真"没有谁先谁后的逻辑顺序安排。它是瞬间可以变化的，有时还可以是重叠的，比如：边听边看，边思考边做……它是受着规定情境制约的，演员创造角色过程中"五真"体现得好与差都要受着规定情境的检验。比如地震后在倒塌的废墟上，寻找爱人和三岁的儿子，下面有个黑洞，趴在洞口用手电筒照洞内，仔细看洞内有人没有人，这时的"真看"是主要的，再进洞口一点，仔细听听有没有呼救声，此时的侧耳"真听"是第二位的……总之，要依据生活逻辑体现"五真"。演员在规定情境的制约下进行角色的行动，"五真"也随着行动的变化而变化。行动决定着"五真"的体现过程，而"五真"也反映角色行动的准确程度。在日常生活里听、看、感觉、思考、做，是自然流程中的自然现象，也就是我们常说的"顺其自然"。由此得出结论："五真"——真听、真看、真思考、真感觉、真做，是表演艺术中的概念，它是经过艺术选择与集中典型化，它有经过艺术加工后的"产品"属性。"五真"来自演员的生

活积累，和演员在创造角色时的内心体验，使"五真"内容更加真实，演员创造的角色行动更加鲜活生动。

2. "五真"有鲜明的个性特征。演员演的是人，人跟人都不一样，人各有貌，每个人都有其特殊的性格特点，这个性格特点决定了，只有这个人才有的对人、对景、对事物的一切态度。这个态度就形成了这个角色的独特个性。有的人爱吃臭豆腐，吃起来他的嗅觉、味觉处在极佳的状态，那种滋润劲儿是不吃臭豆腐的人所不能理解的，而不吃臭豆腐的人闻到臭豆腐的味道，简直无法形容那种难以忍受的感觉。这就叫：人各有所爱，你爱吃萝卜，我爱吃青菜。说明演员创作中的"五真"，具有鲜明的角色个性，演员要认真寻找到"五真"个性，是什么人在真听，在真看……，"五真"不会是一般的、泛泛的，在演员表演行动中，"五真"处处体现着角色的个性特征。在日常生活中经常有人讲这样的话："这件事准是某某人干的！""他这样的人会做出这样的事！"不同的人同样完成同一任务，但他们完成任务的方式、方法也是不尽相同的，这似乎是一个极普通的道理。但是在舞台上或镜头前，演员的表演往往就不是这样，而出现的是一般的行动，模棱两可的行动，语言是不能打动对方，而是平淡无味。演员要牢记角色的行动是具体的、鲜明的，它具有生动的个性特征。一个人从出生到成人，经历了成长过程中的坎坎坷坷，在与客观世界的跌跌撞撞中，从不认识、不懂得，发展到一种相当成熟的理解认识过程，这个过程就是一个人个性形成的过程。每个人生活的环境，经常接触的人，所受的教育，以及这个人克服客观所给予他的困难，他都有一个评价客观的标准。一个人认识客观、分析客观、理解客观的角度和结论都是不同的，对待客观事物的态度也不尽相同，这就形成了一个人的个性。同一件事物由于个性不同而采取的解决方式、方法和行为也就不同。关羽式的处理行为与刘备式的处理行为不同，当然与张飞式的处理行为也是不同的，我们讲：什么人说什么话，什么人做什么事。大千世界，芸芸众生，自然存在有各种各样的人：老年、中年、青年、少年、幼儿、婴儿；每个年龄段的人群中，存在各种不同性格、不同修养、不同阶层的人，不同的教育和不同的家庭、社会环境对他们的影响，使他们反馈社会客观的方式方法也就不同。

我在艺术创作中有时遇到不认真捉摸"五真"的演员，在创作中不真听，不真看……，能背出台词就不错了。从他（她）身上得不到应该得到的刺激，表演好像温汤水，好不容易等来一个两人中景镜头拍摄，导演提示：两人交流的戏，双方都要从对方眼睛里找到激情的因素，我很激动地看他的眼睛，可是他没有真感觉，没有真看，眼睛暗淡无光。有时眼睛散神，甚至在镜头前毫无根据的"玩儿深沉"。在收光、放光，你有来言、我有去语的真实交流中，我得不到他的刺激。我知道"五真"创作起来不容易，需要艰苦的艺术劳动，但是演员要永远摒弃"五不真"，因为它会影响艺术创作质量。要使"五真"具有鲜明、生动的个性特点，就要提高"五觉"：眼、耳、鼻、舌、身，这五方面的功能锻炼，充分发挥"五觉"与"五真"的有机结合，使两者在艺术上产生凝聚力，推动演员的角色行动，使角色更鲜活，更能吸引观众和感染观众。

3. "五真"和速度与节奏的关系。太空里日月星辰的运动，地球上万物生长与死亡，春、夏、秋、冬，四季的更替，山川的转移，河流的改道，人体结构的兴衰……，都是按照自己的速度与节奏有规律地运动着，生活中也是如此，比如：坐火车在卧铺上睡觉，火车车轮走到铁轨缝隙时发出咣当、咣当的声音，尽管声音很大，但车轮运转的速度与节奏是正常的，一成不变的，声音多么响旅客也能睡得很香甜，当进入道岔时，火车就会发出和从前不同的速度与节奏的、急促的、有冲击力的、不规则的巨响声，速度与节奏变了，这时火车上睡觉的旅客就会惊醒，新的速度与节奏惊醒了他们的睡梦。从影、视、剧艺术的特性来认识，它也是运动着的艺术。有运动就有体现正常运转的速度与节奏，在影、视、剧完整的演出中，它有整体演出的速度与节奏，整体的速度与节奏是由演出各个部门，甚至由演员行动中最小的艺术细胞——真听、真看、真思考、真感觉、真做中体现的（这里我不是专谈艺术理论中的"速度与节奏"，只想对"五真"和速度与节奏的关系谈谈自己粗浅的看法）。首先我认为没有一般的"五真"，也就是说，什么样的人有什么样的"五真"，什么样的"五真"有什么样的速度与节奏。在万物中，正常的速度与节奏能使该事物正常运转，具有强大的生命力，如果速度与节奏不正常了，可能要结束运动中的"生命"，而转化成新的速度与节奏了，比如"五真"中的"真看"：

你看什么？——我在积极认真地看犯罪嫌疑人是否藏在洞内，一定要抓到他，我仔细看洞内的各个角落……

你是什么人？——我是人民警察，跟踪嫌疑人两天了，有可能今天在洞内抓到他！

以上的"真看"，我们从警察的速度与节奏上感觉是紧张的，急促的，甚至是有生命危险的。相反，如果看得不认真，演员在洞口边看，边喝矿泉水，喝完水，又抽一支烟，可想而之，边看、边喝、边点一支香烟，这显然破坏了抓捕嫌疑人的紧张、急切的速度与节奏。速度与节奏的改变，就带来了一系列的改变，首先改变了"真看"的性质，他在看洞内时聚精会神吗？他是真的要抓坏人吗？他不慌不忙的行动，来得及抓吗？他又抽烟又喝水的悠闲样子，他是真的警察吗？到底谁是坏人呀？真看的速度与节奏的改变使角色（警察）的抓捕行动慢条斯理模糊不清了。规定情景的速度与节奏变缓了，警察速度与节奏的改变使人怀疑他是真的警察吗？由此可以看出速度与节奏在表演艺术中的重要作用。所谓"真看"要看得合适，要适可而止，不能无节制地看起来没完。"真听"也是不能无休止地听起来没完，或者是无逻辑地看一瞬间、听一瞬间、草草了事，都是不应该的。如何恰

到好处，符合"五真"的速度与节奏，这就要求演员深入规定情境，并在规定情境的制约下，按照人物性格基调的要求，认真组织人物的行动，有了人物的行动就可以投入"五真"的创作。使"五真"和速度与节奏有机生动地结合，最后达到角色行动的速度与节奏，人物性格基调的速度与节奏和整体影、视、剧综合艺术的速度与节奏的完整统一，创造出一个有血有肉、性格鲜明的艺术形象。

角色语言与话筒前配音

角色语言，是揭示人物思想感情的重要工具。我们常讲：创造角色有两大翅膀，一个是靠形体、一个是靠语言。演员掌握了角色的形体感觉和角色的语言特色，就可以展开想象的翅膀，在创造角色的天空里，积极、热情地自由飞翔，专注地投入创作。角色语言是角色之间的激烈冲突中揭示角色内心世界的极其重要的体现手段，我想重点谈谈在创造角色语言和在话筒前配音的点滴体会。

作为电影、电视剧的生产规律要求，当然是同期录音最好。因为演员在镜头前表演时很松弛，角色在规定情境中能真实有机地行动。角色语言在同期录音的条件下也更生活、生动，在规定情境的制约下使角色语言更能发自肺腑，也更鲜活。同期录音也可以节省很长的后期录音的时间。在正常情况下，导演都会强调和采用同期录音。这样声、画能有机地融为一体，这是最佳的选择。但由于各种条件的限制，比如有的演员从形象到气质都很符合导演的要求，但唯一缺点是不会说普通话，需别人配音。还有的演员拍了一半戏，嗓子哑了，与前半部戏不是一个音色，前后声音不搭调，也需别人配音。还有拍戏时画面上总露话筒，这样很费时间调整摄影、灯光与话筒的关系，现场演员的创造热情和最佳的表演状态也受到很大挫伤。虽然耗费很长时间调整好了，可是演员的情绪又没有了，等等。因此电影、电视剧导演在录音技术有待提高的阶段，只好无奈地采用后期录音。这就要求演员在创造完整艺术形象的过程中，应当把后期录音放到一个重要的位置上，演员在拍摄镜头时，内心体验很充实，表现在语言上有很多的语气、语调和情感停顿、逻辑停顿方面的精彩瞬间，后期配音要努力追忆，这是一件非常困难的工作，演员决不应该忽视后期录音，更不应该把后期录音当成一项创作上无关紧要的收尾工作而轻率对待。我认为后期录音也有一个最大的优点，我们都知道影视艺术是遗憾的艺术，影视艺术也是一次性生产的艺术，只要导演一拍板，就算大功告成。可是演员看完样片之后，绝大多数演员都认为没演好。要求导演再拍一次、两次、三次……，当然这是不可能的，而唯一能挽回的就是等待后期录音。演员可以把自己表演的不足，通过角色语言的再创作，对画面进行微调，也就是说后期录音可以弥补画面的不足。比如我在《金光大道》中，冯少怀与张金发有一场"金钱

眼刨水沟"的戏:

　　冯少怀:"金发干啥呢?"

　　张金发:"掏个排水沟。"

　　冯少怀:"正好我在外面搭把手,里外一块儿挖,一会儿就通了。嘿,通了!通了!"

　　拍戏时我认为冯少怀在与高大泉严酷对峙而斗争不利的规定情境制约下,此时此刻应该很紧张,高大泉暗地里死盯着少怀与金发,如果他们被高大泉发现,冯少怀肯定没有香饽饽吃。(图296-297)看完样片之后,我觉得少怀表演得很死板,冷冷的面孔,苦巴巴的语言,一副绝望的眼神。我觉得这场戏,冯少怀不应该是挨整的可怜相,而应该是看见张金发就是看到了希望,盼到了救星,把张金发拉拢到手,站在自己一边该多好。少怀有盼头了,内心兴奋地、热情地喊出"嘿,通啦!通啦!"从样片上看,我理解角色的行动太单一了,表演得太简单了,总之表演上想走捷径。怎么办?光遗憾也没用,只好画面不足,语言上找补。经过与导演商讨,我要把画面上的"冷"变成"热",把"苦"变成"甜",把冯少怀的"绝望"变成充满了前途光明的"希望"。总之,后期配音给了我这样一个微调和修改台词中内心独白和潜台词的好机会。冯少怀的内心生活更加饱满,对未来充满了渴望。冯少怀充满激情地把金发与自己的关系提升了一大截,画面上是水沟通了,其寓意说明了张金发与冯少怀不是疏远了而是更靠近了,哥儿俩好了,什么都"通"了。用观众的语言说,张金发与冯少怀两人同流合污了。后期配音给画面中的冯少怀增添了许多声音感觉方面的色彩和语言上诙谐、幽默的性格特征。后期配音演员应该把它当成在镜头前表演一样,引起我们的重视。有人认为只要表演好了就大功告成了,有的演员认为只要演员

图296　1974·《金光大道》上集,长春电影制片厂,
饰冯少怀

图297　1974·《金光大道》上集,长春电影制片厂,
饰冯少怀

的"戏"出来了就行了，更有甚者，认为语言不好可以找人配音。我曾经有两部片子因工作关系不能回京，只好找别人配音。事隔许久后再看放映，画面上是许忠全创造的形象，可嘴里说的话是别人配的音，从音色、音质到声音的内心感觉都觉得不对劲，不符合我演的人物性格特征，当时心里非常别扭，感觉很不舒服。每当想起这件事，心里总是特别难受。今后如果再出现后期让别人配音，我一定不同意！无论如何也要自己配音。往往因为演员不重视后期配音工作而录出的人物语言质量差，致使辛辛苦苦拍摄的画面大为减色，从而影响了人物形象应该产生的艺术效果，甚至是前功尽弃，遗憾终生。我们应该把后期配音当成是又一次的人物创造，角色语言录制好就可以给画面形象增添色彩。如何把角色语言在后期录制好，我认为要做好以下工作：

1. 拍摄前要精读角色台词，提炼台词，演员要用"一字值千金"的态度对待角色台词。养成根据人物需要而挖掘台词的内涵，找准角色台词中的潜台词和内心独白。正如我的老师经常提醒我们的，台词是角色的思想情感和角色内部性格的体现。老师再一次对我们强调：演员要养成摒弃废话，挖掘非说不可的台词，要养成精选台词的习惯。为进入镜头前表演打下角色语言的基础。

2. 在拍摄时，演员要及时记下刚拍完的镜头前的表演感觉，同时记下角色语言的表达方式、特色、心理停顿、情感停顿。因为在忙乱、繁杂的拍摄现场，容易造成演员只注意"戏"演得好坏而置角色语言于不顾。我在电影《伤逝》中扮演叔公，在叔公训斥子君一场戏中，由于表演时的激情，又有即兴表演的瞬间，在固定台词中间有很多心理停顿、情感停顿，以及即兴出现了许多语气词，比如什么"哎、呀、嗨、哼、啊、嗯……"，当时导演对我的表演很满意，但拍摄完之后，我没有记下镜头前的表演和台词处理。事隔两个月之后，我去录音时，不但表演忘记了，语言特色和即兴表演时出现的语气词也全忘记了。后期配音口型怎么也对不上，总共十几个镜头拍了四个多小时，可是我配音花费了一上午，录完导演和我都不满意，只好凑合用了。这次的教训使我深深地记住了：在拍摄现场除使表演"放光"之外，还要牢记同时出现的语言精华和声音的高低、音量、音色、节奏等语言特色，最后达到表演与台词的统一。牢记刚拍完的表演，不是写大文章，忙乱的拍摄现场也不允许，所谓"牢记"就是可以用速记，或者用符号如：☆、⊙、口等等，主要是为了加强记忆，为后期配音的顺利进行打下基础。

演员在配音时应该注意以下几点：

A. 看准画面找到角色外部与内心的速度与节奏，用台词对准口型，特别是角色的开闭口要非常准确，这仅仅是配音工作的第一步。这一步有技术性的成分，但更主要的是加强记忆拍摄这个镜头的角色的音容笑貌、内心活动，从而找到角色的内心独白和潜台词。

 B. 在话筒前要像在镜头前一样，要进入角色的规定情境，实际上就等于看着画面再演一次戏，对角色的台词，进行再一次的创造与调理。不能简单地看画面、对口型、说台词。

 C. 电影、电视剧的语言是非常接近现实生活的艺术语言，由于话筒灵敏度极高，可以收录人们的窃窃私语，钟表的滴答声，人们激动时的不均匀的呼吸声，危重病人的临别话语，经过扩大可以清晰地传达给成千的观众。因此，从语言技巧上讲，话筒可以帮助演员处理台词。要求演员录出的台词要生活自然，感情深沉，要录出角色的心声，不平淡无味。要有性格特色，不声嘶力竭。要清晰准确，不含混不清。要记住演员配音时不要超过日常生活里说话的音量与幅度。演员只要认真对待话筒前的录音，就能使画面与配音贴切，为电影、电视剧达到生活、真实、自然的艺术效果而增色。

参加小品演出

本来"小品"是中央戏剧学院在基础教学时为了达到训练要求而进行的一种教学手段，表演系称其为"表演小品"，也称"表演练习"。这个教学阶段，让学生自己构思一个小故事，有事件，有冲突，学生自己组织行动，最后完成一个表演小练习。表演教学时，老师有时强调学生的某一环节表演得好，哪个环节不合理等等。一般来讲，表演系不太强调一个完整的成品，而提倡为训练某个表演环节如"规定情境"、"行动"、"感觉"、"心理形体松弛"、"交流与适应"、"观察生活练习"等等，让学生组织一个表演练习，教员侧重上述每个教学单元的要求。过去称小品是基础训练的总称，根据教学进程还分为单人小品、双人小品和多人小品。中央戏剧学院的小品是基础教学的一个主要教学阶段，与现在舞台上演出的表演小品不是一个门类。舞台演出小品是由专职编剧、导演和演员构成的，能在电视台和舞台上演出的一个小艺术品。该小品强调喜剧风格，强调相声中使用的"包袱"。观众特别欣赏逗乐的小品，近年来也出现了不少经典小品，如《不差钱》、《如此包装》等等，我参加的小品演出大部分是在二十世纪九十年代初期，小品这枝花还处在含苞待放阶段，编剧与小品演出还不太成熟。

1. 北京电视台：《巧骗丈人》1990
   演员：许忠全，巩汉林，杨磊
2. 中央电视台：春节戏剧小品晚会《逛庙会》1992
   演员：许忠全，杜宁琳，郭冬临等
3. 珠海电视台：《小平您好》文艺晚会 1992
   演员：李默然，许忠全，岳红
4. 湖南电视台：《这东西不假》1992
   演员：许忠全，莫岐，王谦祥，李增瑞
5. 中央戏剧学院校友艺术团：1990-1992

《丈夫与导演》

《到站之后》

演员：许忠全，巩俐，石维坚

6. 中央电视台《更上一层楼》1993

演员：许忠全等

（图 298）

图 298　1992·春节戏剧小品晚会，后右一

担任节目主持人

1. 中央电视台：1986 年新年文艺晚会主持人
2. 吉林电视台：1992 年春节文艺晚会主持人 （图 299）
3. 河南电视台、河南青少年电视中心：1993 年春节联合文艺晚会主持人
4. 中央戏剧学院校友艺术团主持人 1990-1992 年

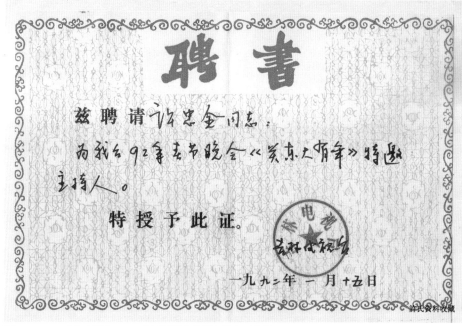

图 299 1992·吉林电视台·1992 年春节晚会特邀主持人·聘书

影视配音

1. 51 集日本动画片《尼尔斯骑鹅旅行记》——小田鼠加洛特
2. 电影《福尔摩斯》——警察

图 300　1987·为电视剧《聚宝姑娘》配音——在录音棚配音，左起：常莉，许忠全

图 301　1994·为电视剧《带后院的四合院》配音——在录音棚配音，左

配音小花絮——他是谁？

话筒前配音有许多不同的艺术形态，如影视配音、动画片配音、译制片配音、纪录片配音、画面外解说配音等等，我曾被朋友们推荐参加了中央电视台51集动画片《尼尔斯骑鹅旅行记》的配音工作。当初我怀着忐忑的心情去见导演，经过试戏试音，看哪种声音和音色适合小田鼠加洛特。我用正常的声音说台词，导演说动画人物可以用多种音色、音调来试戏。于是我就捏紧嗓子说出了儿童般的声音，偶尔又出现了儿童变声期——类似"小公鸡"忽高忽低、忽粗忽细的声音。总之，导演跟我说不能用正常大人的男中、低音。最后，导演肯定了我用一种男不男女不女的，既是细细的童音，又是男孩变声期的声音设计。一集一集的录制，大家都很熟悉了，并且成了好朋友。可是录音师只在录音车间专心地录音，而从未见过给小田鼠配音的演员长什么模样，已经录了将近一半了，录音师总想见见这个配怪怪声音的演员到底是谁。

录音师："导演，给加洛特配音的小孩长什么样？"

导演："你猜呢？"

录音师："十几岁的初中生吧？"

导演摇头。

录音师："小朋友？"

导演："唉，不对！"

录音师："那是尖细嗓子的小姑娘！"

导演："错！他是彪形大汉许忠全！"

录音师："啊……！"

录音师很吃惊和意外，不相信他所听到的尖细嗓音来自我的创造。

以上的对话是导演亲自跟我说的，我听了之后很欣慰。首先感谢老师们对我的推荐，另外非常感谢导演热情、细致的帮助，使我在动画片世界里获得了一次用语言创造动画形象的机会。我更高兴的是，我知道了自己的声音有多大的可塑性。

业余表演培训班教学

主要是校外辅导教学

1. 河南省安阳市群艺馆：影视剧表演培训班。（图302）
2. 北京市西城区群艺馆：影视剧表演培训班。
3. 新疆乌鲁木齐群艺馆：影视剧表演短训班、影视配音班。（图303-304）
4. 北京市朝阳区群艺馆：表演培训班。
5. 中国传媒大学播音主持人学院表演、台词基础讲座。
6. 劳动人民文化宫工人话剧队表演培训班。

图302　1987·为安阳话剧学习班上表演课

許氏资料收藏

图303　1986·为乌鲁木齐市群艺馆表演培训班上表演课

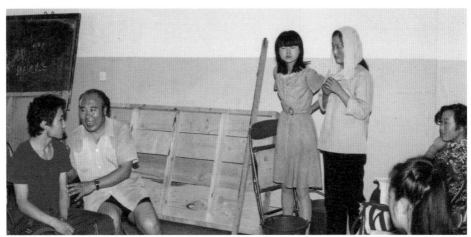

图304　1986·为乌鲁木齐市群艺馆表演培训班上表演课

　　以上培训班根据教学内容依时间来决定长和短,我都是利用寒暑假或者是休息日,周六、日去教学,大部分是我业余时间安排的,我是拍戏空闲时间进行的业余教学。教学时间不固定,有的半个月,有的两三个月和一学期不等,学生们学习都很努力,并取得了一定的成绩。

　　在辅导学生表演过程中,我反复强调了作为演员要重视基本功的训练,因为演员在表演艺术形态方面和其他艺术有许多不同。比如:画家的工具有画笔、颜色、纸和画布等;

音乐家有钢琴及各种乐器和五线谱等；可是影、视、剧演员靠什么呢？就靠演员本人的身、心创造出成品。演员是创造角色的主体，而基本功又是创造人物形象的基础，因此训练现实生活形态艺术的影、视、剧演员，有四种功课一定要高标准，严要求，即声乐、台词、形体、表演。在训练时要不怕苦，不怕累，而且要活到老，学到老。训练的结果要使演员有过硬的基本功，也就是我们常说的"台上一分钟，台下十年功"。艺无止境，演员的基本功锻炼也应该是永无止境的。

　　1996年退休之后，觉得只过了短暂的休息瞬间，我没有退休后的孤独与苦闷。相反，马上就有许多"粉丝"朋友们，其中包括记者和影视杂志编辑们，特别是向往从事影视演员工作的中青年人，不时地到我家来采访和探讨、学习影视剧表演方面的问题。谈到创造角色时，朋友们你一言我一语，大家谈得很热烈，有的是谈创作体会，有时我也用一种看图识字的简单方法，讲解在塑造人物形象性格时，因"规定情境"不同，人物对象不同，拍摄的景别不同，产生的人物态度在表演分寸上也有所不同。学生给我拍了一组照片，是我创作时的表演瞬间。交谈之中让这些学生在每个照片中，想象出他在什么规定情境中产生什么情感和内心活动（内心独白和潜台词），以及可能产生什么样的形体动作等等。（图305-311）我喜欢和这些热爱影视的朋友们一起交谈，有时还为艺术上的问题展开热烈的争论。我这个人又爱热闹，非常感谢这些朋友们来我家做客，因为他们充实了我的退休生活。

　　通过我历年来的教学工作和参加影、视、剧的艺术实践，结合我编写的诸多表演教材，在创造角色方面自己积累了一些非常实用的理论与实践知识，我愿意毫无保留地传授给学生，以资借鉴和探讨。

图305　1974·表演教学辅导

图306　1974·表演教学辅导

图307 1974·表演教学辅导

图308 1981·与采访记者谈表演经历后合影

图309 1994·许忠全教授表演教学瞬间集锦

图 310　1994·许忠全教授表演教学瞬间集锦

图 311　1995·在家里接受媒体采访

表演教材《演员创造角色》摘要

一．影、视、剧演员的基础修养

1．演员的任务

影、视、剧演员的任务是要在银幕上、荧屏上和舞台上塑造出生活、真实、自然的，有血有肉的，能够感染观众，引起观众思想和情感共鸣的艺术形象。

演员创造艺术形象不应该仅仅在外形上"像"自己扮演的角色就够了，因为这只是演员创造形象的一部分工作，演员更应该在思想上、情感上、态度上和行动上"像"自己所扮演的角色，这就需要演员进行更加艰苦的艺术劳动。演员与角色的外形创造固然重要，而演员揭示角色的内在部分：思想、情感、态度等的精神世界则更加重要。从认识上讲，外因是变化的条件，内因才是变化的根据，演员所具有的外部条件只是天生的，外部条件（演员的外形）只是演员创造角色的一个条件，形体的表现力，形体的可塑性是可贵的。因此，我们要求演员除了必须具备较好的外形条件，为将来创造角色的外部表现力打下基础之外，我们更强调和重视挖掘演员的内部素质，因为演员创造角色时只有挖掘出角色内在的精神世界，也就是要找到角色的内因，才能找到角色思想、情感不断发展变化的根据。演员对角色的内在精神世界挖掘得越准确、越细致，演员就越能寻找到鲜明、生动的外部表现形式，比如角色的行、动、坐、卧的方式与姿态，角色的习惯形体动作以及角色语言的表达方式与特色等。因此，用这种创作方法去创作，才是真正的演员创作之路，也是表演艺术的一般创作规律。创造方法找到了，演员还有最重要的一项任务，就是向生活学习，因为生活是创作的源泉。演员的一切灵感都来自生活，形象的创作依据也是生活，演员离开了生活就是离开了创作方向，就不可能创造出有血有肉、生动、鲜活的人物形象。演员与生活的关系，就像鱼和水的关系。深入生活，挖掘生活，体验生活，要从生活中寻找素材，汲取营养，才能使演员创造的角色来源于生活，特别是影、视、剧艺术特有的逼真性，更要求演员正确地理解生活、认识生活、忠于生活，通过演员的艺术劳动塑造出栩栩如生的影、视、剧的"活人"。只有活生生的艺术形象才能引起观众情感上的共鸣，使观众得到思想上的

启迪和艺术上的享受。学习生活，把握生活也是演员最根本的一项任务。

2. 演员的基本素质

演员的天职是演戏，演戏就是演人。演员如何演好角色？这是一个很困难的课题，因为人是很复杂的，就像大自然一样。大自然有天、地、日、月、花、草、树、木、春、夏、秋、冬，数不清的大小动物种群，大自然是绚丽多彩、变幻莫测的。作为组成社会集团的人并不亚于大自然的错综复杂、千奇百怪，由于人受着社会的、家庭的、学校的、政治的、经济的、文化的，以及世界观、人生观的种种约制，而组成不同的社会集团，形成不同层次的人群，在其中也是一个人一个性格，一个人一个秉性，一个人一个脾气，因此从内心到外部形象都是各不相同的，人各有貌。作为人群中的一员——演员也不例外。从另一角度看，由于行业的特殊性，演员与其他任何职业都有所不同，因为演员的职业是在演别人，用别人的思想去思想，用别人的生活去生活，用别人的行为代替自己的行为，用别人的语言去说话，这个别人就是角色。表演艺术就是演员要用角色的思想、行为、情感去生活，创造出一个与演员自己完全不同的人物形象。比如：我演过工人、农民、将军、士兵；演过古装戏和外国戏，在电视连续剧《病房浪漫曲》中我还扮演了一个精神病患者，我演谁就要千方百计地像谁，要使观众认可是很不容易的事，我要调动演员全部的表演素质把角色演活，演人说起来很容易，其实很难、很复杂，要充分调动演员的眼、耳、鼻、舌、身、内心和情感，为创造角色而协同作战。演员如何演好角色要看演员自身的条件和修养，更要看演员的表演素质。

演员应具备的表演素质：

想象力：演员应该有较强的形象思维和逻辑思维的能力。通过演员积极热情而活跃的二度创作展开丰富的想象和联想，把角色所需要的身——外部性格特征和心——角色的思想情感和心理行动，要充分移植到演员身、心上。比如角色的穿着打扮，行、动、坐、卧的姿态，音容笑貌，语言特色，角色的习惯动作，角色所特有的经历，等等，角色需要的内、外部性格特征都要靠演员展开丰富而活跃的想象来完成角色的创造。演员从接受角色创作任务的第一天开始，就需要展开"想象的翅膀"，根据角色所需的"天空、大海、山川、河流"和与角色有关的人和物，通过具有神奇作用的有魔力的"假使"，积极、热情地去创造。我们的艺术老前辈经常对我们讲：演戏要以假当真，假戏真做；装龙像龙，装虎像虎。名著《西游记》里由猴子变成集人类智慧于一身的、具有超凡能力的孙悟空，就是想象力丰富的集大成者。文艺作品中《牛郎织女》《梁山伯与祝英台》等，都是经过几代人用超人的形象思维能力，完成的经典作品。想象力对演员的角色创作是至关重要的，对角

色进行从内心到外貌的全部设计，是演员的基本功。想象力丰富的演员创造力就强，就能使角色"鲜活"，就会产生积极、活跃和生动的表演。想象力是艺术创作的基础，表演艺术也不例外，摄制组各部门不"杀青"，想象的机器永远旋转。每当我进入角色创作状态，首先起动的就是我非常活跃的想象力。因为演员没有想象力就不能创造出完整的艺术形象。在表演过程中特别是拍摄特写、近景、中景镜头时，没有对手在场，是演员通过想象跟摄像机方向的假想对象交流思想情感。实际上是演员通过想象与无实对象的交流，想象把无实对象当成有血有肉的真实活人、活物来对待，观众通过演员的眼睛就能看到对方的活动。在表演过程中角色对往事的回忆、怀念亲人、想念老家、具体的内心视像的展现与交流，以假当真的表演过程等等，都是靠演员饱满的热情，积极活跃的想象推动完成的。谈到想象力好像人们都认为是文艺方面的术语，其实想象存在于我们日常生活中的方方面面，在人间充满了绚丽多彩、千姿百态的奇思妙想，更希望梦想成真。当今的"梦"充满了丰富生动的想象力，我们经常听到小学生兴奋和充满希望地讲: 长大了我想当律师; 我想当警察; 我希望当一名歌唱家! 在小学生的脑海里律师、警察、歌唱家都不是一个名词和概念，他们有着丰富的想象力，通过心里存有的大量感知材料，来表达自己的理想、梦想，比如律师会想象到自己在审判大厅用浑厚的声音在为委托人辩护，据理力争; 青年人想象自己成为勇敢的警察在奋不顾身地抓小偷……演员的想象力要求要生动和具体，有情有理。不能冷冰冰地去想象而应该是精神饱满、积极、生动地去想象。不能用抽象概念纯理性地去想象，而应该是热情活跃的、具有角色行动意义的想象。演员的想象力不是漫无边际的胡思乱想，而是要在剧本和角色规定情境的约制下展开想象。想象力是衡量演员的一个重要的标准。

　　演员在创造角色活动中会遇到许多自己不熟悉的事物，合格的演员应该把不可信的、假定的东西经过自己的想象树立起像儿童"过家家"一样的信念，弄假成真，从而生动并真实地表演出来。因此，演员要经常过别人（角色）的生活，只有具备高度的想象力和信念感，才能把假定的人物和生活变成真实的人物和生活，可以说没有演员的想象力，特别是形象思维能力，就没有表演艺术。想象是演员创造角色的前提，无数事实证明，想象力丰富，信念感强的演员，其创造角色的幅度就大，戏路子就宽，就可以把假定角色注入血液，给予生命，创造出一个又一个有血有肉、性格鲜明、有滋有味的人物形象。

　　注意力: 在日常生活里人们的注意力是随意性的，如人们的上班、下班、乘车、在家里看电视等等，大多数人们都是重复性的行为，平平常常地过日子，因此注意力是松散的，不需要高度的注意力集中。但马路上出现了汽车的碰撞声，人们马上提起精神，集中注意车祸地点。这突然的事故，使人们无意识地产生短暂注意，这种注意是会马上消失的。我们也称它为日常生活中的消极注意。演员在影视镜头前和在舞台上的注意力是属于表演艺

术范畴的技术术语，是角色创作时一分一秒都不能离开的。演员的注意力在创作中具有强迫性：在繁杂而忙乱的拍摄现场要排除种种不利于演员创作的客观条件而强迫演员把注意力集中在角色的创作上。演员在镜头前或舞台上表演时，会被私心杂念所干扰，而排除干扰就需要强迫自己把注意力集中到表演对手上。在与对手的相互行动、交流与适应、收光与放光中，就会产生角色有机而鲜活的行动和具有感染力的角色情感。演员依靠自身的眼、耳、鼻、舌、身，作为工具进行角色的塑造。谈到演员的注意力要特别强调对眼睛的使用，眼睛与注意力有着密不可分的关系。演员进入表演状态，眼睛要高度注意在表演对象上，要了解对方的意图，要盯住对方的一举一动，要专注熟悉对方的目的，要摸透对方的一瞬间，要抓住对方在演员创造的一闪念。没有积极、细心、专注的注意力，是达不到与对手心碰心的交流的。一个优秀的演员都懂得"眼睛"在表演艺术中的重要作用，著名京剧表演艺术家梅兰芳先生，每天早晨都要看天空中盘旋飞翔的鸽子，用眼睛看鸽子飞的高或低、远或近、快或慢，目的是让眼睛在表演时更灵活、使眼睛更明亮，因为眼睛是心灵的窗户，闭上这个"窗户"啥都看不见，一问三不知。打开这个"窗户"可以看到万千世界，可以"打开窗户说亮话"，可以看到"仇人"、"敌人"、"朋友"和"情人"，并且与之交流。特别是影视演员在拍摄面部特写或近景时，对手不在场而是与无实对象交流，身体四肢不在画面内，此时眼睛就是表达角色思想情感的主要部位。如何使用眼睛，如何把角色的内心世界表达准确，我认为首先要找准无实对象的注意点，这个注意点不光是看镜头左、右或是镜头后的某个钉子、画框等，注意点要靠眼睛的视线决定无实对象的位置。演员千万不要把注意点看成是没生命的物质，而要把注意点当成人、景、物，真实存在的表演对象，把他当成活人、有性格的人。选好这个注意点就可以跟他说话，交流思想和感情。只要拍戏时有近景或特写，首先要分析注意点所处的规定情境，在什么矛盾冲突中，与注意点交流时我的语言行动是什么，我要达到什么目的，我对对象是什么态度等等。选择好注意点就可以充分利用和展现眼睛的优势：眼睛可以"传神"，眼睛可以"说话"。注意点选定了，无实对象变活了，通过眼睛就可以塑造一个有血有肉、鲜明生动的人物形象。

判断力：表演艺术中演员的判断力是创造角色心理过程中最重要的一个素质。演员运用准确而生动的判断，就可以使角色产生充实而饱满的、具有艺术魅力的内心世界。没有准确、生动的判断就没有角色真实、准确的人物行动，有了准确的判断才能产生角色具有艺术感染力的内心独白和潜台词。判断力能使演员产生鲜明、生动的内心视像，因此说判断力是角色内心生活的精神支柱。剧情不断向前发展，判断也随着客观变化、规定情境的迅速变化在不可逆的向前发展，判断力不停地推动和建立角色的思想线、行动线和情感线。只要剧情和人物行动没有结束，判断永远鲜活而生动地存在。判断是人物行动、思想、情

感不断发展变化的热源，它是依靠规定情境而产生的，因为规定情境提供了剧情中的环境，具体的地点、时间，包括同演者（对手）在创造角色时的行动，有时对一个具体环境和具体道具进行判断，如话剧《雷雨》中鲁妈重返周家时对具体房间和家具的判断；话剧莎士比亚的《奥赛罗》中一个小手绢的判断等，判断越准确，反映人物的内心世界越丰富，越饱满，人物的内心节奏越准确，体现出的人物行动越生动，即兴适应越鲜活，人物形象就更有艺术的审美价值。判断力是演员素质中很重要的一个元素，演员不能把第一次鲜活的判断——细微的感觉、生动的体验进行理性记录，为第二次演出做背诵式的判断，或称重复判断，判断的进程是受规定情境制约的，规定情境是瞬息万变的，判断也要随之变化。每一次判断都应该是新鲜的、第一次的、意外的，演员要保持判断力永远是生动的、具体的。演员能掌握规定情境所提供的一切条件，包括人和物，环境和周围所发生的事件，进行准确的判断。

A. 准确的判断来自于演员丰富的生活阅历。人的一生会遇到许多坡坡坎坎，欢聚与离散，留下悲欢离合的情感记忆。这些都是演员亲身的经历和切身的体验，也给演员留下了很多带有情感色彩的形象记忆。通过观察生活又使演员增添了大量的情感积累。准确的判断又为演员提供了具体的性格语言和人物行动。

B. 判断永远是新鲜的、初次的。每次判断都应该认为是第一次遇到的事。演员不能把判断事实的思考过程延伸或夸大。不能重复使用已经用过的判断成果，更不能为判断而判断。判断是受着规定情境制约的，判断不能超越规定情境而毫无根据地胡思乱想。判断始终在非常活跃和不断变化的规定情境指挥下，演员才能对客观存在的人、景、物进行判断。演员的判断力永远是对规定情境的回答。

C. 判断的性格特色来自于"只有这一个人"才有的独特的判断特点。演员在开拍前对剧本的分析，人物基调的确定是很重要的。比如：电影《车水马龙》中我扮演男主角"马大车"，人物基调确定为：傲、倔、粗、灵。傲——他来往城市与农村两地，城、乡两地的朋友经常相聚，他比别人见多识广，他有优越感，看不起从没出过门的人；倔——别人还蒙在鼓里，丈二和尚摸不着头脑，他早已"门儿清了"，对这些人不屑一顾，别人都是"傻帽"，就他机灵，所以不爱答理他们；粗——成天跟牲口打交道，不是喊，就是骂，在嘈杂的马路上赶大车，跟前边大车说话小声听不见，只能粗声粗气地大喊大叫；灵——他城里的朋友多，其中"京油子"也不少，所以他理解东西快，手脚灵活，"干巴利落脆"。马大车的基调就决定了马大车的思考形态和判断特点。

适应力：演员在艺术创作进程中与同演者交流思想、情感和行动的过程就能够产生合情合理的、生动的、准确的心理、形体适应，一举手、一投足，更符合人物此时此地所需

要的心理、形体的反应。适应力更多表现在与表演对手的相互行动和交流中。我们经常提到："你有来言，我有去语"。在与对手交流思想、情感时的"收光、放光"，也有人称跟对手的"过电"，或称刺激。演员的适应力最宝贵的就是能够抓住对方给予的行动刺激，而产生鲜活、生动的即兴反应或称即兴表演。在表演过程中，角色与角色相互行动时，要相互刺激并相互适应对方所给予的心理、形体反应。演员要用全身心，以及演员独特的适应手段，来展现角色的适应能力。适应是表演艺术中的专用术语，一个好的演员不是离开表演对手而孤立的无根据的"自我表演"。聪明的演员在表演时应该是一切从对手来，要对手的刺激和对手的反应，目的是为自己选择鲜明生动的适应，同时反过来也给对手刺激，使对手也有产生即兴表演的机会。即兴表演在表演艺术创作中是非常珍贵的，即兴表演的源头来自于表演对手的相互行动，相互交流与适应，来自于相互适应的准确把握和真实有机的表演分寸。任何即兴表演都是合情合理的，真实生动的。相反，离开合情合理的适应，即兴表演就是虚假的。我们常说过火表演要不得，当然产生过火表演的原因很多，就其主要原因还是交流适应的尺度不准确。演员在相互行动的表演过程中对方给你 5 分的刺激而你适应为 10 分，超过对方给予刺激的一倍，适应必然要"过火"。相反对方刺激为 10 分你只接受 5 分，适应又反差一倍，结果表演就是"温汤水"，或称冷漠的不动心，玩儿深沉的表演。真实准确的适应，来自于表演者在同一规定情境中，认真细致地接受对方所给予的真实、有机、而且合乎逻辑顺序的角色行动。真听、真看、真思考，用角色独特的适应来接受对方的刺激，适应的产生只局限在表演艺术中对"人、景、物"的相互行动中。我在演出小品《巧骗丈人》时扮演父亲，剧中只有三个演员，来自三个不同地区，第一次合作，我是导演兼演员。三个人在排练时，形体、语言，相互行动中出现了许多适应的亮点，排练很顺利。三人表演风格很统一，节奏掌握的也正确，但小品演出刚开始，演女婿的演员不知是紧张的原因还是表演习惯，一张嘴就冒了调，声音又尖又高，大约是排练时的三倍，排练时的感觉全没了，一瞬间我也跑神了，这真叫：各吹各的号，各唱各的调。我这辈子第一次在表演时这么不适应对手，也不知该怎么即兴适应了，因为我没有丝毫精神准备，只好追女婿的音高，像踩了鸡脖子似的声嘶力竭，边喊边行动，最后终于让"女婿"带到了"沟里"。小品演出结束了，我很久不能入睡。由此可见，表演过程中，适应是相互行动的结果，适应也是相互影响的推动力。不管是什么演出，不管是什么题材和体裁风格的戏，都应该在统一的规定情景中，按角色的逻辑和需要认真地去行动。适应是集体艺术、综合艺术中具有感染力的艺术亮点，适应起着为角色增光添彩的重要作用。

理解力：演员对剧本的理解，对角色的认识，要求演员必须要从案头工作开始，首先对剧本的主题思想，角色在剧本中的位置，角色在揭示剧本思想所起的作用等方面有初步

的理解。演员在寻找角色的性格过程中，要同时设计人物的外形，建立人物的内心感觉，这些都需要演员有正确的分析、理解和思辨能力。演员的理解力需要演员有雄厚的生活基础和丰富的阅历，需要有文化的、艺术的修养。演员对剧本和所扮演的人物理解得越深刻，体现角色的能力就越强。这就需要我们努力扩大生活面、知识面，观察一切人，一切事，甚至是很微小的生活细节，目的就是丰富自己扮演的人物。我们常常讲，演员创造角色首先要建立起角色的三条线：思想线、行动线和情感线。这三条线是在分析剧本、角色设计、寻找角色性格、建立角色内外部性格特征的基础上，也就是充分发挥和调动演员的理解能力的前提之下，才能建立起的三条线。演员没有深厚的文化和生活基础是完不成创作任务的。我们为什么喜欢北京人艺老演员所扮演的人物形象？他们的戏为什么常演不衰？就是因为有著名的剧作家和导演的艺术支撑，老演员们的艺术修养高，艺德高尚，他们绝大多数都是大学毕业生，自身的文化和生活底子厚，演员的理解能力超群，演出的效果就是好。我不反对非专业演员演戏，您的文化可能够了，但是您作为演员的理解能力够吗？您的声乐、台词、形体、表演，做过自我评价吗？影、视、剧是现实生活形态式的表演，但这生活是在创作状态下的，经过二度创作的生活，不是实生活。我的"粉丝"经常给我提出这样的要求："许老师，演戏不就是怎么说，怎么做，挺简单的。您帮我跟导演说说，我也来个角色行吗？"这个突然提出的要求使我很难回答，我想通过演员的理解力，来讲一个小故事，您听完之后再表态，再决定您上不上戏。1980年我正在拍《车水马龙》，每天拍完回来，摄制组司机吴师傅总拿我开玩笑"挖苦、贬低"我。他说："你演的什么呀，真难看！三句台词说得那么费劲……"第二天，拍一群老大爷在大树底下，议论村里姑娘学开汽车时出的笑话。有个老大爷还说一句台词："这是哪家的姑娘呀！"我跟导演建议，让司机吴师傅演这个老大爷，导演同意并告诉了吴师傅。此时我就藏起来，躲开了吴师傅，可他到处找我，到处喊："许忠全！……许忠全！……"我怕吴师傅急坏了，就跑出来说："我在这儿。"吴师傅说："唉呀！急死我了，导演明天拍我，还有一句台词，唉 — 说什么来？"（他把台词忘了）我说："好哇，吴师傅要当明星了。"吴师傅："别讽刺我啦！快告诉我怎么演，……唉，我什么台词？……"（又忘了！）我提醒他的台词是："这是哪家的姑娘呀？！"吴师傅："对，我怎么演？……唉……（台词又忘了）"我说："您是近30年的老戏剧学院了，连一句台词的角色都不会演，真笨！真给中央戏剧学院丢脸！"吴师傅知道我在拿他"开涮"，两个人会心地笑了，我看他接受拍摄任务之后很紧张，腿直哆嗦，最后他只好退出了拍摄。从此吴师傅再也不拿我"开涮"了。他是司机，治汽车尾气他可能是专家，但在镜头前表演，他缺少演员应有的理解力，更谈不上心理、形体松弛地在镜头前表演，我第一次看见吴师傅那个窘迫样儿，他真的傻眼了。通过这个

小故事可以知道理解的内涵。理解二字更多地表现在逻辑思维的范畴内，但作为演员要具有比较全面的表演素质，演员的理解力更多地表现为形象思维的过程。虽然是拍大树底下，只有一句台词的戏，但也要在镜头前表演，也要在假定情境中，包括感觉、思考、判断、内心视像、以假当真等等，在表演元素中完成这一个镜头的拍摄。我很喜欢北京人艺的话剧，北京人艺是在著名戏剧家、剧作家曹禺、老舍、焦菊隐、夏淳等老艺术家的关怀下建立的。剧院有认真、严谨的创作风格，精品意识特别强。《龙须沟》剧组全体到龙须沟去体验生活，演员都要完成个性鲜活的人物创作。当年人艺的话剧《雷雨》是在剧作家曹禺先生亲自指导下排练和演出的，《雷雨》剧组要求每一个演员对它的理解都要有一定的认识水平和艺术修养，《雷雨》的演出奠定了北京人艺的风格。我看了很多场《雷雨》的演出，一直有个问题百思不得其解：北京人艺那么多漂亮的年轻女演员，没有一个能超过上了年纪的老演员胡宗温扮演的十八岁的四凤，其他问题我不清楚，现在我知道了理解力要求演员在创造角色的过程中要呕心沥血，一丝不苟地认真创作。演员的理解力决定了演技的高低或称表演的深浅，从这个意义上讲，演员的理解力是衡量演员表演水平的一个很严格的标准。

摹拟力：摹拟能力是演员的表演素质之一。在表演基础训练中，摹拟首先要求能准确地模仿对象的外部形体动作，形似要达到酷似，神似要求把人的内心活动和人"五觉"的内心感受，直接传导到模仿对象上。最后达到既神似又形似。最直接、最简练的训练方法是首先要求演员模仿动物，从动物的外形开始模仿，逐渐找到内心根据。近年来，我国文艺舞台上又出现了模仿秀，在歌唱方面有人模仿刘欢、刘德华、腾格尔、李玉刚……，也有人模仿李娜、毛阿敏、田震、那英……，还有人模仿小品演员赵本山、宋丹丹、潘长江、黄宏，他们模仿得真实、生动，从外形、步态到声音，从语言特色到鲜活的感觉，惟妙惟肖地体现了出来。对观众来说是一种艺术享受，甚至有的一人用多种音色模仿多人歌唱，一人用多种地方语言模仿小品中的人物形象。模仿者的才能展现只能说明他们具备了一定的摹拟力，他们希望自己将来成为一个"装龙像龙、装虎像虎"、能扮演各种角色的性格演员。作为演员的创造力是有局限性的，不是所有人物都能扮演，如何积累形象素材，增强形象思维的能力？摹拟客观存在的、各种各样的、千姿百态的人，以及丰富的动植物世界，是演员获得形象资料的依据。比如摹拟语言的能力，语言是人思想的表达工具，语言的特色与语言的创造是很重要的。摹拟对象的语言、音色、音质、音量、语言的节奏、地方语言、语言的流利与口吃等等，演员要塑造众多的、千奇百怪的人，平日的摹拟动物，摹拟自己不熟悉的人是很重要的。这种摹拟力我们称之为形象素材的积累，或者称为人物速写的基本功。演员的摹拟能力越强，戏路子越宽，表现力就越生动鲜明。演员平日做的观察生活练习主要是观察人的思想、性格、习惯动作、生活细节和只有这个人所特有的形体生活和精神生活，摹拟能力不仅仅表现在模仿人和动物的形体特征，更应该重视摹拟对象的心理特征，两者的结合就会使角色成为有血有肉，性格鲜明的人物形象。摹拟力是解放演员天性、活跃和丰富想象力、加强信念感、增强角色表现力的基本功。

感应力：表演艺术是感觉的艺术。演员是用自己的眼、耳、鼻、舌、身，也就是通过视觉、听觉、嗅觉、味觉、触觉这五种感觉来进行表演，这五种感觉都是客观（表演对手）对演员主观的刺激在相互行动中互相影响而产生的新的行动，要求演员的感觉在投射给对手时要鲜明、准确。在日常生活里我曾经遇到这样一个问题，就是摄制组完成了一天的拍摄任务后，返回驻地，摄影师坐在演员车里，后面一辆车拉摄影设备，走了将近两公里后，摄影师突然喊："停车！"我们很惊奇地问："怎么啦？"摄影师回答："听声音，肯定助手没关机器！"我们问："机器在另一个车上，马路上声音轰响，你怎么察觉机器没关呢？"摄影师说："我有感应！"他幽默地说："是我的第六根神经投射了信息，使我产生了感应。"在后面的车里，我们打开箱子一看，机器的红灯果然还亮着。真是太新奇了！隔着汽车都能产生感应，可见摄影师对客观的感应接受能力很强，而且很灵敏。演员的感应也一样，要更灵敏，更鲜活，因为演员面前的表演对手不是机器而是具有生命力的活人。表演对手应该具有信息投射和刺激演员的主动功能，同时演员就应该很好地把握对手给予的情感上、态度上和内心的细微变化，就像那位摄影师说的一样"是第六根神经使信息投射产生感应"。所谓第六根神经就是表演对手的信息投射和刺激，促使演员接受感应的能力。本来我不想谈人的天赋问题，但是人的感应能力确实存在优、差、高、低的区别。比如：我参与的演出特别是话剧演出中，我和某位同演者能相互投射和刺激，表演时你有来言我有去语，表演时从对手方面获得了很多有益于表演的投射与刺激，相互之间有很强的感应能力，我们在同一戏剧节奏中过着角色的幸福生活。我们合作得很愉快，我认为同演者的最大优点就是他的感应灵敏，随着节奏的变化而变化，节奏该快则快，该慢则慢，他真像前面说的摄影师一样，他有着天才般的感应能力。我在和另一位演员合作中就感到困惑，他在演出时台上演员都没戏了，就等他上场说台词了，可他总是在整体节奏之外上场和下场，都"慢半拍"。演员表演时，整体台词的声调、音量是统一的，可他的声调低半调，音量小和弱，总之他的台词跟舞台上的台词不搭调。跟他演对手戏，总不在一个节奏点上，因而就影响了整体演出效果。感应力强的演员能感受对手情感、态度上的细微变化，通过真实、生动、有机的交流，使角色的自我感觉更加准确，使角色的内心生活更加饱满，创造的角色就鲜明、生动，表演就鲜活。

观察力：演员要有敏锐、细致地观察生活的能力，其创造的角色以及角色的生活都是一点一滴从生活中学习来的，演员的生活圈子是狭窄的，演员的生活又代替不了角色的生活，因此演员要走出近视的小窝，放眼客观世界，在广袤的、能提供创作生活的沃土里汲取营养，丰富自己的生活积累，扩大自己的生活阅历。观察生活，观察一切人，一切景物，是演员的必修课。演员对形象的观察力强与弱是衡量一个演员的创造素质高与低的标准。在我创造的众多人物形象里，几乎没有一个角色可以用我本人的生活来代替角色的生活，更没有一个角色贴近我本人的形象和气质，演员要树立一切从头来，不能走捷径的艰苦创作信心，努力挖掘人物形象的生活依据，进行再创造。通过观察周围的人，周围的事，甚至一个细小的形体动作，一个微弱的声音，一个态度，而从中找到你扮演的角色所需要的内、外部性格特征。如人物的穿着打扮、走路姿态、谈话特点和眼睛看人、看景、看物的态度，表演对手的文化素养，内向与外向的性格展露等，都需要演员细致的观察，把观察到的"材料"储存起来，为创造角色备用。演员在不断的观察生活中，不断地磨练自己，存储多一点形象素材，就使自己接到新的创作任务方便些，容易些，否则接到一个离自己远的角色，就会使自己忙乱不知所措，创造起来难度就大。比如：在1994年我参加了18集电视连续剧《病房浪漫曲》的拍摄，剧中有四位患有精神病的老大爷，我扮演其中一位，角色的名字叫"万一道"，他曾经是火车司机。他因长期紧张工作休息不好，严重失眠导致患有精神失常，被送进精神病院进行治疗。这回我可犯难了，因为我从来就没接触过这类病人，我脑子里一点儿形象储存都没有，更谈不上形象设计，实在没办法，只好向导演提出申请，提前到摄制组外景地去体验生活，观察这类病人的特点和他们的日常生活。第一周的时间只能在病区的外面，观察病人的衣、食、住、行，我只能用眼睛看，不能直接接触病人。第二周允许接触患者了，开始时我有些紧张，害怕病人打我，抓我脸，如果脸抓破了就不能拍戏了，甚至担心一不留神可能患者从身后拿板砖拍我。经医生讲解我才踏实下来，医生讲病人有好多种，我们剧中的那种病人不是燥狂型的，我们的病区是比较安静的。我进入病房观察体验生活时，还有一个小故事：经过一周的观察体验，我胆子越来越大，我一人来到病人中间，早晨在操场集合，做早操，这是仔细观察和体验他们的一举一动的难得机会。还有点儿时间，在等待播放音乐时，我跟一位患有精神病的姑娘聊天，她一下就认出了我，原来她看过我的很多电影和电视剧，她是我的"粉丝"，他说："许老师，您怎么也到我们这儿来了？"当时我心里一哆嗦，但脸上还是露出一丝我觉得不是很自然的微笑，实际心里还是有点儿紧张。什么叫"也到我们这儿来了？"我明白，她知道自己有病。我假装不大舒服地回答说："唉……我精神也不好，神经衰弱很重。姑娘你这么漂亮，多大了？"她说："22岁了。"我认为她又没病，回答得很正常！我接着问："你上边有哥哥姐姐吗？"她说："还有一个28岁的姐姐。"回答得跟健康人一样。真棒！我说："你爸爸多大了？"她说："我爸爸21。"嗯！？我吓了一跳，这回我知道了，她还是有病。

早操散后，病人们各回各的病区，我想回摄制组驻地，刚走10多米，被一个男护士抓住我不放，说："回你病区去！"我说："我不是病人！"护士说："你越这么说，越有问题！快走！"看来不解释还好，越解释越像病人，于是护士用强力把我拉到了病区办公室，最后还是制片主任把我领了回来。以上是病房外的事，病房内就不一样了，五个人在病房内就像顽皮的小朋友一样，有说有笑，和谐相处，跟一家人一样。首先我观察的是他们的一些生活小事：所有的年纪稍大一点儿的病人，离开病房在封闭的公共楼道里，都不是快步走，而是脚不离地慢慢地往前蹭，比普通人要慢半拍。眼睛是木然的，没有精神，面部毫无表情，很少说话，甚至根本不说话。结合这些观察到的特点，再穿上病号服，我就到各病房串门了，我仔细观察了患者的行动和具体的形体细节，比如：打饭前拿饭盒的方法，不是拿起饭盒甩手就走，而是仔细看饭盒里外干净不干净，然后把饭盒抱在怀里，怕拿不住掉在地上，有响声吓一跳，对其他病人神经刺激强烈。有一次排练"病人打饭"这场戏，我备好饭盒坐在病房里等待开饭，忽然传出护士"开饭了！"的呼叫，我跟四个病友抱着饭盒，蹭着走出病房约10米，到了送饭车前，打饭护士问："老万你吃什么？"本来我没有台词，我用痴呆的眼睛直望着护士，停顿片刻，我即兴地说："给什么吃什么。"在场的导演、摄制组和打饭的护士突然全笑场了，护士说："许老师真逗，您跟我们病人一模一样，哪有给什么吃什么的台词呀！"可导演很满意，就让我加说了"给什么吃什么"这句台词是我发挥演员的观察力所取得的收获。以后的拍摄过程中，凡是有我的镜头，准有医院的大夫和护士来看，他们说："许老师演得真像我们的病人。"拍完我的镜头，他们就都散了。短短两周的观察体验生活给我增添了创作的信心。电视连续剧《病房浪漫曲》播出之后获得了观众的好评，我也在1995年荣获了第十一届江苏省电视剧评奖授予的最佳男配角奖。通过这次拍摄实践，我也学习到很多宝贵的知识，在观察生活中要真正深入生活，了解人的内心世界，挖掘人的细微的思想感情变化，甚至是人的细微形体反应，这些都是我们观察的重点，观察客观的人、景、物，越认真，越深入，演员创造的角色就越生动。观察力强才能为创造有血有肉的人物形象给演员提供丰厚的创作营养。

　　应变力：演员的应变力是表演的重要素质。在电影、电视剧、话剧繁杂的生产过程中，演员要面对许多未知的条件：不熟悉的环境，陌生的同演者，不同的导演风格和手段，繁杂的、不习惯的拍摄现场，不连贯的速进速出拍摄方法，等等。优秀的演员往往是应变力极强的，能把这生疏的世界，在短时间内调整成熟练掌握的技巧，挖掘出自己应变的能力，在表演上游刃有余，塑造角色得心应手。演员接受创作角色的任务之后面临许多亟待解决的问题，解决不好很可能使自己创作失败。所谓应变力，粗浅的理解就是主观应对客观迅速变化的能力。演员在一生的创作当中会遇到很多预想不到的事物，有的是很少遇见，有的根本没见过。我一生中拍过不少电影、电视剧和话剧，回想起来，我接触了严正、林农、谢添、郑洞天、李前宽、王凤奎等60多位导演，他们都是很有才能的导演，我从他们身上学习到很多好东西，在和他们的工作中，我也深切地体会到60多位导演有60多种方法给演员拍戏，没有一位是和别人相同的。这就要求演员要尽快熟悉导演的创作习惯和对演员的要求，通过演员的应变能力，缩短和消除导演与演员在创作上的距离，很快适应导演的拍戏习惯、方法和要求，演员就会与导演合拍而投入角色的创作。作为影视演员要牢记影视艺术是导演的艺术，演员只是一种创作元素，虽然演员元素是所有元素中较活跃的，但也不能本末倒置。演员的应变力体现在影视艺术创作过程中要听从导演的要求，不能按自己的想法去创作。除此之外，演员还要对拍摄现场的环境和摄、录、美、服、化、道等不同部门和人员的要求具有应变力，拍摄现场往往十分忙乱，人声嘈杂，这就要求演员具有排除干扰，集中精力投入创作的应变能力。我在拍摄电影《金光大道》的一场戏时，规定情境是风雨、雷电交加的天气，我和二林赶着沉重的、满载粮食的大车，人困马乏地在泥泞的山路上行进，突然一场倾盆大雨，伴随着一声惊雷，导演设定由我在雷响之后马上说台词："二林呀，卖把子力气，前面就是大车店了！"这就要求演员适应这个假定的规定情境，掌握好戏剧节奏。我较好地发挥了自己作为演员的应变力，在瓢泼大雨和电闪雷鸣的情境中将台词自然地融化到角色的生活中，使拍摄顺利地一次通过。

3. 几种演员的特点

在艺术创作中，曾出现过几种这样的演员，严正老师归纳为：

A."一种演员为面团演员"。我理解这样的演员不会依据作家提供的剧本去独立思考，不会对剧本进行深入、细致的分析和理解，纠正不准确的认识，使角色创造沿着导演的总体构思，进行深入地再创造。这样的演员离不开导演一步。自己对角色创造不动脑筋，毫无想法，导演在场，经过导演启发与示范，他可能出现一些形象的影子，但是导演一走，又没有同演者的帮助，于是仅有的一点点可怜的形象影子也没有了，就像一个"面团"，厨师捏了个"小白兔"形象，稍一松手，"小白兔"就不见了，剩下的只是一个面团。这样的演员创造出来的角色就不能根据剧情的发展而发展，角色没有一个连贯的思想、情感、行动的发展线索，导演在场与不在场的表现很不一样，时好时坏，时对时错，因而创作出来的角色就不可能是一个有血有肉、鲜明、生动、完整的艺术形象。

B."一种演员是冷漠的演员"。这种演员对同演者在交流中所给予的思想、情感、行动不能经过自己的感受全部接受，对规定情境和客观上的一切刺激都无动于衷，火烧眉毛他也不着急。总之，同演者给予他的一切，就像打在海绵上似的，悄无声息地消失了。反

之，同演者在表演时，得不到该演员给的任何刺激，他与同演者双方产生不了思想、情感、行动上的任何真实、有机地冲突与交流，这种冷漠的演员创造的角色直接影响了整体艺术的质量和应该产生的艺术效果。

C."一种演员是理性演员。这种演员爱动脑筋，有一定分析能力，但在认识自己扮演的角色上有片面性，不能把自己分析角色的设想纳入导演的总体构思，在体现角色中，有时偏离轨道，闹独立性。"总之，他想怎么演就怎么演。这种演员还有一个缺点，就是不能把思想、情感和行动按照角色的逻辑生动地体现出来，也不能真实地感受对方，即兴地接受对方给自己的一切思想、情感和行动上的刺激。他只会不管同演者接受不接受，不管规定情境的约制合适与否，自己演自己的，把自己事先对角色设计好的一套演完就算创造任务已经完成了。

出现以上几种演员，我认为除了他们表演素质较差以外，他们的问题是和以下几种不正确的创作思想有关的，也是值得我们重视的。

有的演员虽然进入了演员的行列，但是他们是靠吃"青春饭"来的，他们轻视演员艰苦的艺术劳动，误认为演员只要有一个漂亮的脸庞、苗条的身材，或是强壮的体型和悦耳的嗓音就行了。他们认为在剧本中，作家一定会写一个漂亮的美女或是帅哥，以为导演专爱挑这样的俊男美女，让他们把自己的本色原封不动地带到银幕上、屏幕上和舞台上就行了。实际上这种演员只爱艺术中的自己，他们在表演时往往不从人物需要出发，而是自我表现和自我欣赏，试图用自己的姿色来取悦观众，搞所谓的"自我感觉良好"。这种演员不会体验剧中需要的角色生活，不会体验角色在特定规定情境中的思想、情感和行动，不去钻研剧本与角色，只靠演员自己的长相来演戏。更有甚者，他们在影视剧开拍前照镜子，如果自认为化妆不美，就擅自改妆，完全不顾剧情的需要，只求"美若天仙"的感觉，这样缺乏艺德的"演员"实在不敢恭维。

还有的演员凭借自己的"小聪明"，自认为是"天才"。于是在创作上偷懒，不认真读剧本，甚至不读完剧本，把自己所扮演的角色台词节选下来，一抄写，一背诵，光说自己的台词，记住自己的镜头，就算创作任务完成，极个别影视演员就是这样"创造"角色的，他们只有一个"本领"——"镜头前见"，或者说"台上见"，"拉开大幕看"，演戏不认真，完全凭灵感，凭所谓的"即兴"。近年来，一些年轻演员或"明星"跑剧组拍戏，上个戏刚刚告一段落，就飞来拍下个戏，赶到拍摄现场，临开拍时问导演："导演，我什么词？"这样能塑造精品形象吗？我不能认同。如此，什么角色分寸、控制、认真、体验，等等，全然不顾；什么人物的规定情境、认真交流与适应，等等，根本不管，摒弃所有基本功，拍摄时就像学生没有做功课一样，激情时就声嘶力竭，瞪大眼睛，甚至歇斯底里；表现难

过时就挤眉弄眼；表现惊恐时，双手揪住裤腿，左右迅速扯动；表现打哆嗦时，有一套颤抖的技术……在我看来，这样做只能是一个卖弄技术的艺术匠，这种表演很难打动人心，这种演员也不可能成为合格的表演艺术家。

以上列举的演员的几种不正确的创作思想和作风，究其根本原因，是他们不理解或是轻视了作为一个影、视、剧演员要进行艰苦的艺术劳动这一至关重要的问题，忘记了一个演员的基础修养和创作使命。

影、视、剧艺术是具有高度集体性和综合性的艺术，它包括文学、编剧、导演、表演、美术、造型、音乐、音响、配音等等各方面，需要各个创作部分有效的合作，共同参与艺术创作活动，其中之一的表演部分是要由演员来完成，如果演员不称职，甚至失职，就会直接影响影片、电视剧、话剧的艺术质量，甚至导致影、视、剧的创作失败。鉴于艺术本身具有高度的科学性，而科学来不得半点虚假和马虎，更没有捷径可走，完全不能在创作上投机取巧，只有老老实实按创作的客观规律进行演员正常的创作，才能出现优秀的作品。

4．演员的修养

演员要想完成创作任务，首先要解决一个前提，即要加强演员的思想和艺术修养，这对于一个影、视、剧演员至关重要。

1）演员要有正确的世界观和人生观

演员首先要加强思想修养，用正确的观点和方法指导自己的艺术创作。从这个意义上讲，演员的思想修养是创作角色的先决条件，思想修养越深，对角色的情感、行动就理解得越透彻。演员在创作时不可能脱离社会生活，脱离时代，脱离现实，不管是主角还是配角，不管是正面角色还是反面人物，都要经过一个去粗取精、去伪存真的思考，从一大堆创作素材中提炼适合角色的典型材料，再经过演员的想象进行创作，选择什么更恰当，舍弃什么后更合理，集中什么更生动，突出什么更鲜明，等等，这些都是一个艰苦的艺术劳动。经过这个过程创作出的角色才具有感染观众的魅力，也才能体现演员高度的思想修养。

2）演员要加强文学修养

文学作品总是把人以及人和人的关系、人的生活与自然景物、活动环境作为一个完整的、有着内部联系的整体来加以体现，它不仅表现人与人之间的各种复杂关系，也很细致地描写人的性格、情感、道德、操守，描写人的外部特征，如服装、化妆、行、动、坐、卧等姿态，虽然文学作品中也描写山水等自然景物和动物，但都是为了抒发和衬托人物的性格和心理特征，所以文学作品对演员的艺术创作必不可少。演员通过经常阅读小说、诗歌、寓言、散文、杂文和古典名著等，提高自己的文学修养，能帮助演员准确地理解剧本和把

握角色，通过文学作品生动、细微的描述，可以积累形象素材，间接体验感性材料，为创作角色、丰富角色吸取营养。

　　3）演员要增强美术修养，不断提高审美能力

　　影、视、剧的美术工作者通常要根据剧本设计服装、化妆、道具，更要设计出每场、每幕的布景，创造出角色赖以生存的典型环境，演员创造的过程一步也离不开这个环境，其创造的角色与布景就构成了一幅和谐的艺术品。具有良好美术修养的演员能借景生情，使角色与环境情景交融，达到美轮美奂的艺术意境。美术修养对于演员的重要性不言而喻，只有增强美术的欣赏能力，才能更好地进行表演艺术再创造。

　　4）演员要有音乐修养

　　从艺术整体上讲，影、视、剧的音乐部分是综合艺术的一个主要部分，音乐能诱发演员的情感，烘托剧情，起到体现全剧主题思想的作用。可能本片音乐还没出来，演员可以借助不是本片的音乐，引出类似的音乐旋律，来辅助自己角色的创作。影、视、剧的音乐表现形式很多，如主题音乐、艺术形象音乐、幕间音乐、节奏和气氛的音乐、体现人物情感的音乐，等等。演员音乐修养深厚便能在音乐的旋律和节奏中推动自己的创作，使角色能在音乐的旋律和节奏中沉浮，达到形象与音乐和谐统一，角色的内心节奏与音乐和谐统一，角色的行动与音乐和谐统一，使演员创造出的人物对观众更有感染力。

　　剧情的发展也有其鲜明的节奏性，要与剧情发展合拍，就需要演员具备强烈和鲜明的节奏感。演员的节奏感是表演素质上必备的条件之一，往往通过对演员乐感的引导，随着音乐的节奏来加强演员内心与形体的节奏，由此可见演员音乐修养至关重要。同样，演员说台词也有节奏和音乐感，语言要讲究抑扬顿挫，话说得清楚，吐字归音标准，对于演员塑造角色也是必不可少的基本功。

　　演员还要有像舞蹈演员一样灵活、富有表现力的身体，使其适应塑造各式各样人物形象的需要，演员的身体运用自如就能具备较强的表现力和可塑性。

5. 演员的综合修养

　　我们之所以强调演员的综合艺术修养，完全是由影、视、剧的特性决定的，这些都是演员的基本素质和必备的基本功。除此之外，作为一个影、视、剧演员还应该注意以下几个问题：

　　1）影、视、剧艺术的整体性

　　演员要从整体出发，演员的创作是二度创作，一切依据是剧本，演员没有漫无边际、随意创作的权利。他不能抛开剧本搞创作，只能在剧本的约制下发挥自己的创造力，他不能随意改动剧本的台词，更不能删改或增加台词，如果允许台词改变需经导演的同意。否

则演员只能沿着剧本提供的台词进行再创造，给台词以生命，使角色逐渐站立起来变成"活人"。如果演员离开剧本的依据来创造，这就使演员失去了目标，失去了创造角色的意义。因此，要求演员要尊重编剧，道理很简单，就是我们常说的：剧本，剧本，一剧之本。剧本的好与差，决定戏的命运。有的剧本好，但演员条件一般，这叫"戏保人"。也就是说，由于剧本写得生动，富有鲜明的性格特征，把演员给"保"住了。还有的叫"人保戏"，也就是说，演员用优秀的表演把本来不太好的剧本给"保"住了。剧作家总希望演员经过二度创作，使剧本生辉，为艺术的整体体现贡献演员的力量。当然，剧本和演员皆优则更加完美。

2）导演是全剧创作的组织者和解释者

导演对全剧的样式和风格都有完整的构思。导演对角色主次的设计和角色的类别都有协调和统一的安排。演员要在导演指挥和安排下进行创作。演员不能各行其是，各吹各的号，各唱各的调，更不能有戏抢戏，有调度抢调度，或应该是全景，要求导演改拍特写或近景，只要正面拍摄，不愿侧面拍摄等等。这都是不应该的，都说明是不从整体艺术出发只考虑个人得失，这也是演员思想素质和艺术修养不高的表现。

3）影、视、剧的综合部门

服装、化妆、道具、摄影、录音等各个综合部门，都是为了塑造典型环境和典型人物形象而服务的。影、视、剧构成的人、景、物形成一个很和谐的艺术整体，对观众会产生强大的艺术感染力。它是各综合部门的无名英雄创造的，是各个综合部门集体劳动的结晶，是集体的荣誉。演员不能把荣誉据为己有，把自己摆在一个不适当的位置上，骄傲自满，当"精神贵族"，这是十分要不得的，我们应该时刻保持谦虚、谨慎的态度。演员应该利用综合部门，来推动自己创作。记得在拍电影《伤逝》时，我扮演子君的叔父，一时找不到叔父尊贵的感觉，大导演水华先生提醒我："你手指着子君训斥她时，五个手指光光的，不像有身份的人。"我恍然大悟，马上让化妆员给我找了两个玉石戒指带上了，让道具员找来一根短手杖放到我的桌案上，就这两样小道具使我找到了叔父的身份与尊严，感觉对了，戏也出来了。可见演员与综合部门是相辅相成的关系。

4）演员是创作者、创作工具、艺术品

音乐家靠钢琴和五线谱来创作悠美、动听的音乐作品，美术家用画笔和颜料来画出具有收藏价值的美术作品，而演员只有靠自己创作：A. 靠自己的大脑想象与思考；B. 靠自己的眼、耳、鼻、舌、身，作为创作工具；C. 在自己身上体现人物的艺术形象。这种三合一的特点，就要求我们努力提高各项素质，加强思想修养和艺术修养，加强演员 "磨刀不误砍柴工"的锻炼。不断提高和充实自己，做一名观众喜爱的、有性格特点的演员。

二．影、视、剧表演艺术的假定性

在表演艺术实践中要求和强调演员的表演要达到生活、真实、自然，做到这一点，不能忽略的一个前提就是：这里所指的生活、真实、自然是表演艺术中的高标准，它是在创作状态下，经过演员艰苦的艺术劳动才能达到的。因为这个"生活"不是现实中未经加工的生活，而是经过剧作家以及二度创作的所有部门共同努力而提炼的生活，这种生活具有极高的艺术性和感染力；这个"真实"不是现实生活中的真实，而是经过艺术家们的创作，也就是"加了工"的、艺术的真实；这个"自然"不是我们常说的自然主义的自然，而是经过二度创作之后所达到的艺术境界中的自然。演员在表演艺术中所要达到的生活、真实、自然，完全是在剧作家、导演和其他不同创作部门共同合作的规定情境（也称假定情境）的制约下，由演员通过角色的思想、情感和行动去表演，这种表演本身就带有假定性，所以表演艺术是在剧作家的一度创作基础上进行的二度创作。

剧本是社会现实生活在剧作家头脑里加工的产物，其反映的生活已经不是自然状态的生活，而是经过剧作家从现实生活中汲取素材，经过提炼和筛选，根据剧作家自己的创作经验和爱好编写出来的，其中具有鲜明个性的典型人物可以表现某一个阶级、集团或一个阶层的共性特征，但他不可能照搬现实生活中真实存在的人物原型，而是观众在熟悉的现实生活里似曾相识，但又从未谋面的人。鲁迅作品中的典型人物形象，大都是采用这种方法创作的，鲁迅说："所写的事迹，大抵有一点见过或听到过的缘由，但决非全用这事实，只是采取一端，加以改造，或生发开去，到足以几乎完全发表我的意思为止，人物的模特儿也一样，没有专用过一个人，往往嘴在浙江，脸在北京，衣服在山西，是一个拼凑起来的角色。"这也就是鲁迅所说"杂取种种人，合成一个"的方法（《鲁迅全集》第 4 卷第 394 页）。鲁迅的阿 Q、祥林嫂就是这样创造出来的典型形象。演员则是在剧作家这样创造出来的人物形象的基础上，再进行二度创作，把实际生活中不存在的人物形象经过自己的表演变成银幕、屏幕和舞台上的活人，表演艺术的真谛就在于演员把一个假定的人物经过自己的创造变成一个有血有肉、生动感人的艺术形象。这就要求演员要有较高的思想修养和艺术修养，还要有雄厚的、丰富多彩的生活积累，对所扮演的人物形象能够展开积极地、热情地、有浓厚兴趣地想象。想象、联想和幻想是形象思维中的一个主要内容，想象也是演员表演素质中的一个主要素质。高尔基说："想象在其本质上也是对于世界的思维，但它主要是用形象来思想，是'艺术的'思维。"（"谈谈我怎样写作"，《论文学》第160 页）从这个意义上讲，没有想象就没有表演艺术，因为演员终究不是在银幕、荧屏和舞台上表演自己，而是表演与自己距离很大的角色，这个角色的思想、情感、行动和角色

的一切内、外部性格特征都是来自演员的想象（假想），演员要有以假当真的丰富的假想能力，才能把在假定情境中虚构的人物演成活人，使其成为情感饱满、性格鲜明的艺术形象。

　　演员在进入创作状态时，在镜头前或舞台上所面临的一切都是假定的，如时间、空间、环境中的山、水、花、草，以及布景搭建的房间等等，都是假定的；事件是假定的；矛盾冲突是假定的；人物关系是假定的，生活中演员之间是同志关系，但剧中规定是敌我关系、夫妻关系、上下级关系或朋友关系。生活有时真的拿你开玩笑，我本人就有这样的经历：在大学三年级的时候，不知什么原因，我总是跟一位女同学搞不好关系，有时看见她就心烦腻味，总是躲得远远的。"无巧不成书"，恰恰就在这时排大戏，老师分配角色时，确定我们两人分别担任男女主角，还是恋爱关系，这可难为死我了。在排练的小剧场，我从她身上找不到我要爱她的一点儿根据，当时我苦恼极了。有一天，老师（导演）问我："许忠全，生活中你的女朋友喜欢什么颜色？"我回答说："她喜欢淡绿色"。第二天排恋爱一场戏，我一上场，看见一位女孩儿背对着我，她穿一件淡绿色上衣、绿色耳环、淡绿色纱巾，慢慢地转身，面带微笑地看着我。我当时却快晕了，哇！……真漂亮！这不就是我生活中的女朋友吗！于是我真的进入了假定情景，我看她好看多了，我喜欢她了，我动情了，我把她真的当成我珍爱的女朋友了。戏排完了，我俩和导演都很高兴。我感谢生活跟我开的这个玩笑，我真的把假定的一切信以为真了。除了人物关系是假定的之外，还有名字、服装、道具、化妆都是假定的，演员遇到这么多的假定因素，就需要展开丰富的想象，使之合理化，把假定的一切信以为真，变成真实的，如亲身感受一般。这就要求演员要具有童真般的信念与真实感，比如：一个天真的儿童，拿一根竹竿，可以当马骑，甚至跟当"马"的竹竿说话，抽打竹竿（马儿）并向它发号施令，他想象自己就是威武的骑手；一个男孩子手拿一支玩具手枪，一会儿在楼梯角躲藏，一会儿卧倒，嘴里还嘟嘟地射击打枪，他相信自己就是勇敢的警察在打坏人；一个女孩子怀抱一个洋娃娃，有时给她打针，有时陪她睡觉，跟洋娃娃说话时那样认真、知心和诚恳，她就是洋娃娃的妈妈，等等，这一切都缘于儿童对假的信以为真，其真实感和信念感之强是演员学习的榜样。演员的艺术创作就应该像儿童一样，把表演艺术的假定性变成真实性，使自己具有以假当真、假戏真做的本领，保持纯真、鲜明、强烈的信念感。

　　在我创造影片《车水马龙》的男主角"马大车"时，遇到许多我不熟悉的生活，比如我不会赶大车，更找不到车把式的做派，但为了演活这个角色，我必须学会赶大车。我本人最怕牲口，特别是年轻体壮的骡子，可它是"马大车"相依为命的最好助手，也是我创造"马大车"的内、外部性格特征的活道具，它可以帮助我揭示角色此时、此地的思想、情感和行动。如果我因惧怕骡子，演戏时胆战心惊，哆里哆嗦，心理上与形体上的紧张必

然妨碍我的艺术创作。我的解决办法是先从练习拉小毛驴开始，抚摸它，给它刷毛，抱它的脖子，戴上笼头骑它上街，胆子练得大些后，再接触大牲口，逐渐适应后就不怕，紧张的心情松弛下来，变得很自信，相信骡子是创造角色的好伙伴，我可以让它听任我的摆布。实践证明，经过演员努力向生活学习，可以把本来不熟悉的东西变成熟悉的东西，把不会操作的东西变成熟练掌握的东西。通过演员的想象——信念——真实的体验这一创作过程，可以逐步达到完整的人物塑造，我对"马大车"这一人物形象的创造就经历了这样的创作过程。

每个演员在创作过程中付出的劳动是艰巨的、呕心沥血的，但创作之后收获的却是一种无法表达的和别人享受不到的喜悦。记得有一次我在村口等候拍摄"马大车"进村时，村里有一些车把式围观，其中一个车把式跑过来问我："听说你们村里拍车把式的电影呢？"我说："是啊！"车把式们拉着我说："走，把车放下，咱们看看去！"我说："人家不让进，就在这儿看吧！"这段对话说明真的车把式们把我这个假车把式当真了，使我心中泛出创作的喜悦，车把式们对我的承认，更坚定了我演好"马大车"这一人物的信念。

三．规定情境在表演艺术中的重要作用

表演艺术是行动的艺术，角色的行动是表演艺术的基础。演员要在舞台上或镜头前把角色的内心世界、外部特征和丰富情感揭示出来，创造一个有血有肉的、活生生的人物形象，必须通过角色的行动来体现。

如何产生鲜明、准确的角色行动呢？演员首先要做好案头工作，对剧本做全面的分析，弄清全剧的主题、事件、冲突，以及角色在全剧中的位置，还要认真听取导演阐述，了解导演对全剧的解释和安排，以及导演的总体构思对演员创造人物的设想与要求，等等。演员要想使角色行动能够准确、生动、有效地达到全剧要求，在进入创作状态时首先得"入境"，即深入到角色的规定情境，真切地感受规定情境，如此才能产生具有感染力的角色情感。

演员必须明确什么是规定情境：剧本为推动和影响角色行动所提供的一切条件和依据，包括剧本中提供的生活、时代、环境、社会状况、剧情发生的时间、地点、事件，还包括导演、摄影、美术设计、服装、化妆、道具、音乐、音响、灯光照明、录音等部门对规定情境所做的解释和补充。

演员在进行案头分析阶段需要努力挖掘人物的规定情境，进入创作状态时更要深入到规定情境中去。

深入规定情境的好处是：

1）可以诱发演员产生活跃的想象力；

2）可以使演员产生丰富、具体的内心视像；

3）可以使演员找到合乎人物行为逻辑的、鲜明、准确的人物行动；

4）可以使演员寻找到体现角色性格的细节表演；

5）可以排除杂念，解除演员心理与形体的紧张，使其进入松弛的创作状态。不管舞台上工作多么忙乱，镜头旁多么嘈杂，只要演员深入到规定情境之中，就能做到"你有千变万化，我有一定之规"。这个"规"就是规定情境，因此，深入规定情境是演员创造角色的基础，也是作为演员的必修课。

对规定情境的重要性认识不足，演员对所扮演角色的来龙去脉就不清楚，表演出来的人物必然是模棱两可的糊涂人，这是产生公式化、概念化和一般化的低劣表演的重要根源之一。

比如有的演员经常这样回答导演提问：

导演："你这个人物多大年纪？"

演员："30多岁"。

角色是31岁？还是39岁？不清楚。

导演："从哪儿来？"

演员："从10多里地远的地方来"。

是11里地远？还是19里地远？是从山区来？沙漠来？水乡来？是跑来的？游泳来的？……不知道。

导演："什么时间来的？"

演员："天黑来的"。

是傍晚？深夜？黎明前？不明白。

在日常生活里，演员可以对自己的生日记得清清楚楚，为什么对所扮演的人物不求甚解？这样似是而非、模棱两可的理解就不能深入规定情境，只能演糊涂戏，根本不可能创造出真实感人的艺术形象。

演员创造角色必须要做到心中有数，首先把角色的规定情境从剧本的台词或舞台提示中认真地寻找和挖掘出来，使其成为创造人物的合理依据。这里的深入规定情境特指总的规定情境，不只限于角色在舞台上或镜头前的一个瞬间，而是完整的人物塑造过程。在全剧中所提供的规定情境大致可以分成以下三个部分：

（一）早期规定情境

1. 人物所处的时代：凡是具有艺术感染力的作品，其剧中人物的生活和人物性格都与特定的时代相联系，其作品与人物应有很强的时代感。演员在塑造人物前，首先就要触摸到角色身上具有的时代脉搏，进而寻找到人物特有的时代特征及其性格特点。如鸦片战争、抗日战争、解放战争、十年动乱的"文化大革命"等等，时代不同，就必然决定人们的思想意识、心理状态、对人对事、语言特色、表达方式和穿着打扮等的不同，从而引发自我感觉和形体动作的不同。一部优秀的剧作或影片，其内容都具有浓郁的时代感，能够把观众迅速带入戏中的那个时代。因此，演员要从思想上重视对早期规定情境的挖掘和创造，根据时代特点设计出人物的外部特征：行、动、坐、卧的姿态，化妆、服装、手持道具的创造，同时挖掘出人物的心理特征，从而根据具有时代特点的心理特征制定所扮演人物的形象基调。

2. 人物所处的大环境：是南方水乡，北方草原，海边渔村，是东海还是南海，是大西洋还是太平洋，是城市还是工厂，等等。演员熟悉了人物所生活的大环境，就为自己创造人物提供了起码的保证，使其具有某些地方色彩、职业特点、语言特点，从而创造出只有这一个人物特有的细节表演。

3. 人物所处的社会状况：如"文化大革命"初期，社会状况是横扫一切牛鬼蛇神，有打、砸、抢者，也有被抄家、批斗者，等等。演员了解剧中的社会状况，就很容易抓住角色应有的气质特征，使自己扮演的角色更丰满、动人。

把早期规定情境搞清楚的好处可以归纳为：

A. 有助于找到演员与角色在语言、形体、心理、性格气质、外部特征上的差距，从而使演员有意识地逐步缩小与角色的距离。

B. 可以克服演员在创造前一个角色后留下的心理和形体的感觉痕迹，迅速找到新角色的思想、行动方式和情感形态。

C. 有利于更准确地体现符合典型时代和典型环境的人物。

（二）近期规定情境

近期规定情境就是"后场戏"。演员上舞台或在镜头前表演时，首先要把后台的"戏"带上来，把上个镜头和两个镜头之间的"戏"带到实拍的镜头前来，对已经发生的事有个交代，这个"戏"就是演员在表演前人物的近期规定情境。比如：

A. 季节：冬天，是初冬还是三九天、大雪天；夏天，是夏末还是伏天、雷雨天，等等。

B. 时间：早晨，中午，傍晚，深夜，等等。

C. 地点：从什么地方来？房间里，野外，山区，平原，等等。

D. 人物在上场前（后台）发生了什么事？实拍镜头前发生了什么事？人物为什么来？来找谁？是什么心情？等等。

演员需要根据近期规定情境把扮演的人物一共有几场戏，一共上几次场，拍摄电影或电视剧一共有多少镜头：特写多少？近景多少？全景多少？特别是近景与特写镜头，都要仔细统计清楚，统计的目的就是要找出幕与幕之间的近期规定情境。根据近期规定情境找到不同特色的上场处理和设计出每个镜头，特别是特写与近景的细节表演，使每个镜头从演员表演上讲都各有特色。演员在创作上最忌讳雷同，怕自己创造出来的角色与别人的创作雷同；怕这一个角色与自己以前创造的角色雷同，最不希望拍摄的五个特写都是一个模样，10个近景都是一个形态，八个中景都是一个精、气、神。根据近期规定情境提供的一切依据，加上演员的努力挖掘，就可以把上场前的"戏"，或把镜头与镜头之间的"戏"挖出来，演员就可以根据角色的需要，带"戏"上场，使角色有一个连续不断的创造，为艺术形象的完整性打下一个基础。

（三）现实规定情境

现实规定情境就是舞台上或镜头前所面临和生活在其中的规定情境，包括人物当场发生的事件、时间、地点、人物关系，以及人物之间互相刺激而产生的行动。现实规定情境要求具体、生动，演员要有身临其境、触景生情的能力。现实规定情境有以下几个特点：

1. 现实规定情境不是静止、固定不变的，它有着鲜明的时间性。随着剧情与事件的发展，人物之间相互行动的变化，现实规定情境本身也在不断地变化，速度之快往往是上个人物的行动就是下个人物行动的规定情境。

2. 人物行动总是受现实规定情境制约的。没有规定情境就没有角色的行动；没有连续不断的规定情境的发展、变化，就不可能有连续不断的角色的行动线；没有连续不断的行动线，就没有角色本身。因此，规定情境与行动是互相依赖、互为存在的，没有没规定情境的行动，也没有没行动的规定情境。

3. 现实规定情境永远是具体的、形象的、有行动意义的，是特定的。而被它制约的角色行动也永远是具体的、形象的、特定的，如果演员不认真把现实规定情境深入、尖锐和特定，就会出现一般的现实规定情境，因而也就出现一般的角色行动。因为一般的、抽象的、概念的规定情境是不能表达典型环境的，也就不能使演员找到符合角色的典型行动。而揭示不了典型性格，人物形象也就一般化。

4. 现实规定情境决定着行动的性质和内容。角色的行动总是充分地体现出决定它的规定情境的全部因素，行动永远是对规定情境的回答。

（四）演员要相信规定情境和感受规定情境

1. 以假当真、信以为真。演员创造角色所面临的规定情境也称"假定情境"。它不是真实生活的情境而是虚构的情境，是作家经过对生活的体验分析之后，加以选择和提炼，也就是对生活加以概括、集中和典型化了的生活，因为规定情境是虚构的、假定性的，能否对虚构的规定情境产生信念，是衡量演员表演素质的一个重要标准。我们要求演员通过丰富的想象力来推动规定情境，使之活跃起来，生动起来，这就能使规定情境具有艺术生命力，就能推动角色行动向着真实有机的方向不断发展变化。

2. 规定情境也是虚构的，也称假定情境，演员对待剧本、舞台布景、大小道具、服装和同演者等等，都要明确这一切都是虚构的，都是假。优秀的演员就是能够以假当真、假戏真做、装龙像龙、装虎像虎，它已经是衡量演员是否称职的一个标准。只有去除一切杂念，具有童真般的信念，才能把一切虚构的东西变成真实存在的东西。

3. 规定情境决定角色行动的性质和思想含义。

4. 规定情境不是固定不变的，有其鲜明的时间性。规定情境的不断变化推动和左右角色行动的不断变化。

5. 没有一般的规定情境，只有特定的规定情境。一般的规定情境只会出现一般的人物行动，比如早晨起床晒被子，人物的行动就会慢条斯理，甚至懒洋洋地穿衣、拿被子去晒。而特定的规定情境如紧急集合，随着哨声响起，人物起床后的一切行动都在变化中。

6. 规定情境是检查角色行动正确与错误的监视器。

7. 规定情境是产生人物正确的自我感觉的桥梁。

8. 规定情境是有情有境（这个境也有"心境"的含义）。对入戏慢的演员强调规定情境能促使他提早"入境"。过去往往强调和要求演员在舞台上和镜头前的规定情境，而忽略了上场前和上个镜头前，也就是戏外的规定情境的要求。总之，演员早"入境"，角色行动就生动，情感就真切。

9. 认真感受规定情境。演员对规定情境要有深沉的感受力，对舞台上或摄影棚内提供的一切身临其境，触景生情，设身处地，不能对规定情境采取冷漠的态度，无动于衷。演员真正地感受规定情境，就能诱发体验，使其走向角色，就能推动角色行动，使之产生形象、色彩的丰富想象，从而产生角色情感的活力。

综上所述，演员在创造人物形象时，心中要时刻尊重人物的早期、近期和现实规定情境。只要认真对待规定情境，创作欲望就总是强烈的，每天演出，每天拍摄，都会有提高，永远保持创作的青春和新鲜感。演员只有努力挖掘规定情境，相信规定情境，深入规定情境，感受规定情境，才能创造生动的人物形象，对观众产生较强的艺术感染力。

四．演员与角色情感

——角色行动与角色情感的关系

（一）角色情感在表演艺术中的重要作用

作为一个影、视或话剧演员，就是要通过自己的艰苦艺术创作在银、屏和舞台上塑造出一个性格鲜明、情感丰富、有血有肉的艺术形象，以此体现剧本的思想，用以激励和感染观众，激起观众内心深处强烈的爱与憎，使角色的喜怒哀乐与观众的感受合拍，产生共鸣。对表演的严格要求就是通过演员挖掘出角色的"灵魂"。"灵魂"是依附于角色躯体上的，这个躯体就是角色的情感。任何艺术作品和塑造出来的艺术形象都是通过丰富、饱满的情感来传达出人物的思想，即通过情来达到理（思想），叫做通情达理。通过情感到理，叫做"寓理于情，合情合理，情中见理"。这都说明角色的思想与情感的辩证关系。这里所指的情感不是空泛的、抽象的，而是具体的，受一定的社会和阶级制约的，是具体的人物内心活动的反映。因此，角色情感就成为了揭示人物内心世界的显示器，是角色思想的翅膀，没有情感这样的翅膀，角色的思想就飞不高，飞不远。比如：《窦娥冤》这出戏，通过"窦娥"这个人物的一系列行动，看到她的深怨奇恨，才使观众对万恶的封建统治有了深刻而形象的认识；《红楼梦》中黛玉临终前凄凉、悲愤的激情，使观众感受到封建社会的吃人本质；还有莎士比亚、奥斯特洛夫、契科夫、曹禺、老舍的作品，他们创造出来的银、屏和舞台人物形象都是淋漓尽致地剖析了人物的喜怒哀乐，通过丰富、饱满的人物情感，揭示出当时社会的丑恶本质。

一些从事表演艺术研究的前辈经常说这样一句艺诀："戏无情不动人，戏无理不服人"。其中的情和理就是指的表演艺术的角色情感和人物思想、行为逻辑。影、视、剧艺术不仅要以理服人，而且要以情感人，打动观众，引起情感共鸣，使观众对美好的事物产生同情和热爱；对于丑恶的事物产生反感和憎恶。"理惯于情，理不正则情不顺。"另一方面，"理"又总是通过角色行动来引发角色情感，使之发展变化，起伏跌宕。"理寓于情，情不深，则理无力。"由此可见角色情感在表演艺术中的重要性，演员只有加强对角色情感的认识和重视，才能在分析人物行动，挖掘人物内心世界的基础上，用丰富、饱满的角色情感来充分揭示人物的思想。

人生活中哭的是"泪"，角色哭的是"戏"。角色情感既是对生活中情感的体验，又不同于生活情感，因为它是在剧作家所创作的剧本内容所规定和制约下，经过了艺术加工，经过演员和导演的二度创作产生的情感，是艺术性很强的情感，是集文学性和艺术性之大成的诗一般的情感，它具有深厚的美学性质。

角色情感的特点如下：

1. 角色情感有假定性

因为角色情感是在虚构的、特定的条件下产生的；受着虚构的规定情境的制约，是通过人物及人物关系在戏剧冲突中相互行动的过程中产生的；它还受着服装、化妆、大小道具、布景、灯光，以及音乐、音响效果的烘托；受着剧场观众的监督，是在演员真实体验的基础上进行一系列舞台行动时产生的。比如：曹禺的话剧《雷雨》，鲁妈让四凤"起誓"一场，窗外浓云密布，闷雷轰响，鲁妈再也不能让四凤见周萍的极端复杂的内心冲突和四凤急切恳求妈妈谅解无效，最后绝望地喊出"妈……！"时，霹雳轰响。这一场激情戏，拨动了多少观众的心弦。这种感染观众的场面是演员借助规定情境和自己（直接或间接的）体验，通过角色的具体行动产生的，是编、导、演、剧场、演出辅助部门共同创造出来的。因此，角色情感受着严格的艺术处理的制约，包括镜头的运动和组接，舞台上的时间、空间的变化，等等。角色情感随着戏剧冲突的不断变化而变化，它总是伴随着角色行动的产生而产生，伴随着角色行动的发展而发展，伴随着角色行动的变化而变化。角色情感都是为了感染观众，引起观众情感上的共鸣，它不同于日常生活中的情感。在日常生活中，人们的喜、怒、哀、乐都是随意产生的，生活中的情感是随意性的，人该笑就笑，笑的时候不考虑美不美，笑的时候也不拘形式，甚至笑得肚子疼时可能躺下，竟至"哎哟"地喊起来；生活中人哭的时候也不管声音好听不好听，不管流鼻涕，更不管有无唾沫，甚至可以哭一天，一直哭到筋疲力尽而止。因此可以归结为生活中的情感是自然流露的，是很真实的，未经过选择和加工的，也是没经过事前设计的，是未经过再创造的，更不是假装的，使劲挤出来的。比如：一个考生，等了一个月还没有接到录取通知，突然一天上午接到通知书，被某大学录取，这一刹那，他的喜悦、激动的心情是难于言表的，如果我们是他身边的朋友，一定会紧紧与他握手、拥抱，向他祝贺。这些情感都是随意自然流露的。

2. 角色情感有重复性

演员在舞台上创造的艺术形象，人物的情感，演员都是事先知道的。每次演出，不管是第 10 场演出还是第 50 场演出，由于剧本的规定情境约制，人物舞台行动的发展变化，矛盾冲突的酝酿和激化，都是事先安排好了的，这就要求演员每次演出都要按照导演排演过的，按照整个戏的速度节奏、舞台调度等等进行，角色情感也要按照事先铺设的轨道向前发展，即便演员每场演出都有新的即兴适应，但不能脱离整体演出形象，要按严格的轨道前进，不能"脱轨"。演出《白毛女》，杨白劳每场演出都要喝一次"卤水"，每场都要体验一次与喜儿的生离死别的激情；《霓虹灯下的哨兵》第三场，陈喜与春妮的"断线"一场，每场演出都要体验一次陈喜情感上决裂的激情，这就要求演员每场演出或无数次的

排练，都要重复体验发生过的、分析过的、事先就知道的，而且很熟悉的情感。因此说角色情感有重复性。记得我当学生的时候，我的表演老师从一年级到四年级都很重视而且反复强调：演员演到第一百场的时候，都应该像第一场那样新鲜生动。特别是角色情感，演员要永远保持第一场那样"鲜活"。

3. 角色情感与生活情感也有共性，即这两种情感的产生过程都不受意志支配

生活情感和角色情感都是通过演员的实践活动和进行角色行动体验时产生的，不是人为的、"硬挤"出来的，更不是内心思想很空虚而在生活中或舞台上挤眉弄眼"表演"情感。生活情感不能脱离生活实践，角色情感不能脱离对规定情境和角色行动的体验，因为情感本身是不受意志支配的。从没听说过一个正常人把自己一天中的喜、怒、哀、乐、悲事先安排得井井有条，到几点钟笑，几点钟哭，这是绝对没有，也不可能做到的。有人说演员多好玩呀，说哭就哭，说笑就笑。这确实是对演员表演的误解，因为情感的产生过程是不能用意志事先操纵的，更不能用强迫手段产生。如果在镜头前、舞台上或生活里有人用意志安排产生情感，首先使人感到虚假。所谓假，就是表演情感或称表演情绪，但表演情绪的人，观众不但不会被感染，反而通过他的情绪表演，洞察出他的实际目的。如过去办丧事有"哭灵"的人，哭着"我的天呀！"甚至一把鼻涕，一把泪，可观众听起来抑扬顿挫像唱歌一样，不但不会跟着落泪或产生同情，反而觉得滑稽可笑，因为其痛哭的目的是为了给别人"听"和"看"的。用这样的动机和目的强制自己"痛哭流涕"必然是虚假的情感，是"表演"出来的，是意志支配为了达到另一目的的，可能是为了挣钱或为了表现自己。这就说明虚假的情感不能动人心弦，不是经过自己体验的情感流露。

4. 生活情感与角色情感的第二点共性是都以控制为主，不是任其爆发

在日常生活中，人的情感总是控制的。一个正常人总是克制自己的情感，而不是到处宣泄。遇到悲痛的事尽量控制自己不要大声哭喊，而是紧咬嘴唇，"眼泪往肚子里流"。遇到高兴的事也不会当众兴高采烈，咧嘴大笑，而是"回家偷偷地乐"。否则就会被人误认为是精神方面出了问题。

角色情感也是以控制为主导的，特别是迸发激情的过程，控制感情，积累感情起着重要作用。一个好演员在进行舞台行动时能否不断控制，要看演员情感的积累能力。没有控制就没有角色情感，所以激情难演，就在于控制、积累感情。一个激情素质好的演员在某种意义上讲就是这个演员控制、积累情感的能力强，这是演员的重要素质之一。激情容易控制难，就是这个道理。

5. 准确揭示角色情感

一部戏剧或电影、电视剧在短暂的艺术时间里，剧情的发展，角色的生活和行动，随

着规定情境的变化而变化，角色情感也是随着戏剧节奏发展变化的，所谓"理贯于情，情随意转"，不能意转情不转。戏剧中经常出现角色此时此刻悲痛欲绝，忽然喜从天降。演员不能在悲痛时珍惜自己的眼泪而体验不止，戏剧都发展到喜从天降了还在痛哭流涕，这时就要求演员马上控制自己体验的悲痛而迅速转到兴奋、雀跃，在规定情境中进行角色的新的行动，在体验喜悦的情感之中化悲为喜，演员就要快速转换角色的情感形态——破涕为笑。因此，要求演员在创造角色情感时要准确，准确揭示角色此时此刻的情感，这个情感必须符合角色此时此刻的行为逻辑，符合角色性格，演员不能沾沾自喜地自我创造出一点角色情感火花——兴奋与眼泪，而不把戏剧与角色推向整个戏的节奏变化之中。这就要求演员控制角色情感，以便准确地揭示和适应符合角色要求的情感色彩——喜、怒、哀、乐和内心的隐秘，使演员在控制角色情感上达到具有"情随意转"地驾驭角色情感、准确揭示角色情感的本领。

6. 控制角色情感是为了积累情感，使情感更加饱满

人物复杂的内心世界和心理活动是靠演员控制角色情感一点一点积累起来的，待角色情感饱和以后到达巨大激情，从这个意义上说，控制情感的目的是为了积累情感，而不是压制情感。有的演员讲："我本来还是有情感的，越控制越没有了，怎么办？"实际上他是把控制情感变成消灭情感，而丢掉了不断积累角色情感的主要行动，在角色的不断行动中会不断地产生角色的内心独白和潜台词，行动线、思想线继续向前发展，情感线也随之发展。三线并行发展就为积累情感保存了力量。

7. 控制角色情感是为了使角色情感达到含蓄与深沉，具有艺术感染力

演员表演时控制角色情感，也就是演员不要随便地把自己创造的、非常可贵的、很不容易获得的艺术情感随意宣泄，一下子抛个干净，把角色内心世界暴露无遗。演员创造的角色没有发展，角色情感更谈不上丰富、饱满，就没有人物形象的艺术价值了。

我们经常赞赏演员创造的角色情感是含蓄、深沉的，这就是指演员要有充实饱满的角色内心情感，而且要把情感积累在内心深处，不能把"戏"演尽，使之具有含而不露的表演技能，以便于准确地揭示出角色心理和情感上的微妙变化，在巨大激情时，用充实饱满的内心情感来支撑。有些演员总是不愿这样表演，他们怕观众看不到自己创造的角色情感，于是有一分情感就表演一分，他们这样表演会把人物演"白"了，演"傻"了。更有甚者，有一分情感，或一分没有，而表演三分，这就是我们常说的：表演情绪或称表演过火。近来在表演艺术范畴内，无论是舞台上或是银屏幕上，出现了所谓的"标准件"——"标准笑容"和"标准哀样"，也就是使具有艺术感染力的角色情感变成千篇一律。出现这种倾向的主观原因是我们缺乏表演技巧的锻炼，在创造角色时不会，也不能控制角色情感。另外，

有人把演员的劳动提到不适当的高度，更有人这样提醒我们演员："你笑的比哭的表情好，笑时特甜，不笑就难看了！"于是有的演员不管规定情境，不管人物性格，不管角色的行为逻辑，凡是在舞台上或镜头前都是单一的情感形态"标准件"，如：一对"深沉的"毫无思想情感的大眼睛和冷冰冰的面部——谓之日本电影《追捕》中的男主角"杜丘式"的表演。怪不得近来出现了这么多的"模仿秀"呢！原来影、视、剧方面也有这么多的人在模仿。揭示角色情感的重要手段还有人物语言，变成所谓"标准腔调"。演悲剧时从头至尾不管剧情，不管角色的此时此刻的心理状态，一律伤感自怜，哭腔哭调。演喜剧时不管戏剧情势及节奏变化，兴奋或发怒时就喊，一个演员"冒调"，全台演员同时"冒"，而且一个赛一个。这一切都说明有些演员忽略了角色情感需要有控制的"闸门"，演员表演角色情感应该达到：含蓄、深沉。过火表演似乎很激情，实际是脱离了产生角色情感的正确轨道，把具有感染力的艺术情感淹没了，这是一种错误倾向应引起我们演员的注意。

以上所讲角色情感与生活情感的关系，我们戏曲老前辈说过这样一句名言："演员哭的是戏，生活中人哭的是泪。"这个结论就把角色情感和生活情感鲜明地区别开了。演员经过挖掘、选择、提炼的角色情感用来揭示人物形象的内心世界和体现角色的思想内涵。史迁普金说："无论真正的生活和激动的情绪是怎样的真实，但在艺术中应该是表现得清醒明白，真正的情感只能像作者的思想所要求的那么多；因为无论情感多么真实只要它超过了总的思想界限（主题思想），那么就会失调，而协调是一切艺术的总的法则。"也就是说，演员挖掘人物的内心世界是为了能找到角色情感的思想依据。

（二）角色行动与角色情感的关系

在说明两者关系之前，我们举两个例子说明一下：我们在公园里有时会看到色彩斑斓的金鱼展览，有的金鱼身上披着珍珠般的花纹；有的像披着多彩轻盈的细纱，粉中有白，十分可爱；有的像琥珀一样的美丽。它们千姿百态，惹人喜爱，但是它们有一个共同的规律，就是必须生活在水中，只有在水中才能展现它们的美丽和婀娜多姿。人们很少夸奖池中的水，往往欣赏的是鱼，而忽略了鱼儿赖以生存的水的重要。在万紫千红的百花园中，有鲜艳夺目的月季和牡丹，有芳香扑鼻的桂花和米兰……，它们也有一个共同的规律，就是花儿必须在肥沃的土壤中成长。人们欣赏花木的时候都夸花香色艳，很少有人对盆中的土赞叹不已。如果把鱼从水里捞出，扔在干旱的地方，鱼就会死掉。把花从土里拔出来，扔在干旱的空气里，花木就会枯萎。鱼和水，花和土的关系，就是角色情感与行动的关系。角色情感离开角色真实有机的行动，就是离开了产生富有感染力的角色情感生存的条件。在日常生活中，我们了解一个人的行动，就不可能不了解他的思想感情；反之，我们了解一个人的思

想感情，也不可能不了解他的行动。有的演员在塑造人物形象时，往往先把人物的情感形态设计得多么深刻、生动，却忽略了最终要达到的激情。演员要想在镜头前和舞台上进行既合乎规定情境又根据人物需要的切实行动，非下苦功夫不行。比如《霓虹灯下的哨兵》中，陈喜高兴地哼唱游园会中的小曲，心中充满喜悦和激动的感情，在屋子里学着曲曼丽打招呼时的手势，因为他急切地想到游园会去会见曲曼丽；与此同时，春妮正在伤心难过，因为她和陈喜是青梅竹马的恋人，但陈喜来到了大上海，绝情地扯断了春妮对他淳朴而深厚的感情之"线"。陈喜催促她赶快回老家，春妮只得用眼泪做"墨水"，给指导员写告别信。一个是急切地会见心中的情人——曲曼丽；一个是含泪告别已经变心的恋人。陈喜的兴奋与春妮的悲伤都建立在"会见"与"告别"的角色行动基础上。如果把以上的角色行动撤掉，那陈喜的兴奋和春妮的悲伤就变成莫名其妙了，如同无水之鱼，无土之花了。任何强烈的角色情感都来自真实有机的角色行动，这两者的关系是不可分割的一个整体。心理学论述情感与行动的关系为"情感最有力量的来源就在人的活动中"。人的活动从表演艺术上讲就是角色行动。所以在表演教学中首先要求学生认真地进行角色行动，同时检查学生在行动时产生的角色情感。比如：

我愤怒地责问他

我悲痛地向他告别

我冷冷地盯着对方

他狠狠地批评了这些捣蛋鬼

我急切地等待他

我渴望是为了拿到这张电影票

我愉快地迎接他

这些表达情感的愤怒、悲痛、冷冷、狠狠、急切、渴望、愉快，都是通过：责问、告别、盯着、批评、等待、拿到、迎接等角色行动产生时所伴随而生的角色情感形态。在角色行动中如果没有这些情感形态，我们就不知道行动者本人心理状态和行动的意义。如去掉高兴，光讲接受了任务，那我们就不知道他愿意不愿意接受任务。依此类推，去掉愤怒，我问他；去掉悲痛，我向他告别，我们就看不到行动者的思想和行动中他的内心世界。因此我们说角色情感与角色行动是统一的整体。镜头前、舞台上没有不带情感色彩的、无思想的角色行动。

（三）演员创造角色时，如何诱发角色情感呢？

我们教学的目的之一就是要着力挖掘学生的表演素质，其中最主要的是挖掘学生的情

感素质，这是一个复杂而需要耐心的培养过程，操之过急必然事与愿违，使学生走弯路。有的学生容易在镜头前和舞台上表演情绪，表演悲痛，做激情状，拼命挤情绪，这样的表演往往眼大无神，目中无人，言不由衷，内心空空。当人物需要和导演要求他悲痛时，就哭腔哭调；需要大笑时，就声嘶力竭，使导演和同演者束手无策。演员应该从角色本身蕴含的情感中去体会，从剧作家提供的条件中去挖掘，使角色情感合情合理，演员深入了特定的规定情境，必然产生合情合理的人物行动，有了人物行动就必然产生感人的角色情感。只有把规定情境认识得深且透，才能准确地创造出一个个角色行动，不断积累就能产生激情的火花，达到身临其境，触景生情的目的。

1. 角色行动的重要环节是思考判断

思考判断是充实角色内心世界的重要环节。生动准确的思考判断是产生角色情感的重要媒介。认识规定情境的过程，就是感觉体验的开始，判断规定情境的过程必然产生对规定情境的态度，感觉、体验、判断等态度的不断发展变化，情感也就不断出现积累，随着规定情境的逐渐尖锐、激化，我们的感觉、体验也就越深刻，判断也就越具体，越生动，态度越鲜明。总之，尖锐的规定情境，深刻的思考判断，就能产生角色的激情。

2. 借景生情，身临其境

无论是银幕、荧屏，还是舞台的美术设计：布景、灯光、服装、化妆、道具等等，都是为了使演员创造的人物形象生活在典型环境中，演员在与同演者互动时，应该把导演与美术家合作所创造出的景物考虑在自己所扮演的角色行动中。演员演戏往往忽略角色所处的环境与景物，只顾在镜头前表演，不管摄影机镜头所摄取的画面构图，只顾在舞台上与同演者交流，而忽略了布景、道具、灯光的作用。一个天才的演员在演戏前总是先熟悉一下外景环境或舞台上提供的一切景物。为的是把自己创造的角色与景物结合起来，努力搜集客观景物给角色产生情感所提供的一切根据，只有两者结合才能为演员借景生情创造良好条件。如话剧《雷雨》中鲁妈经过几十年的磨难后回到周家，当她身处一切如故的居室，亲手触摸到一件件令她伤感的家具时，便诱发出角色受尽欺凌的悲愤之情，鲁妈只有生活在此景中，才能必然流露出此情。情无景不发，景无情不生，情景交融，才能感染观众，引起观众的情感共鸣。演员应该借助美术设计提供的一切景物推动自己的创作，使角色不但行动真实，而且情感生动、饱满。

3. 借物传情，见物如见人

银幕与舞台上的大小道具都是为角色抒发情感服务的，导演和演员在进行二度创作时，要重视小道具诱发演员产生角色情感的作用。演员对待自己的小道具或同演者的道具，都要细心琢磨，应该把小道具当成一个人物形象来创造。要达到见物如见人，见人如见心的

高度，才能诱发出角色情感。莎士比亚的四大悲剧之一《奥赛罗》中，一个小道具——手帕，成了剧本结构的主要成分，这块作为传情信物的手帕牵动着台上每个角色的心，也牵动着观众的心，它成为剧中角色抒发情感必不可少的道具，从这个意义上说，它也是一个最大的角色。我的老伴儿走了将近三年了，我的思妻之痛稍有好转，但是我不能看到她的任何遗物，如帽子、手套、茶杯和运动时用的越野杆，等等，我看见这些东西总使我情不自禁。有一次，我找我的帽子，无意中手一伸，先拿到了她的帽子，这一瞬间，她的形象一个个像走马灯似的在我眼前旋转起来。（图312-325）可见一个帽子就能引起我60年来的回忆，使我产生了巨大的情感激动，真是借物传情，见物如见人。

4. 通过音乐、音响来诱发角色情感

如音乐"万马奔腾"、"江河水"、"二泉映月"，如音响"雨声沙沙"、"倾盆大雨"、"雷声隆隆"、"雷电大作"、"北风呼啸"、"鸡鸣犬吠"、"人欢马叫"、"百鸟争鸣"，等等，演员借助这些音响抒发情怀，达到入情入理，感染观众的目的。在电影《创业》中，"石斤娃"有一场戏，解放前他在石子路上拉骆驼，演员找不到路，这时演员跟导演提出希望把拉骆驼的这段音乐放一下，此时音乐响起，"石斤娃"随着音乐走起来，他找到了路难走和饥饿难耐的感觉，这段戏拍摄成功了。演员的音乐修养帮助了他的创作。

5. 演员表演素质中的角色情感来自于对生活的观察、体验和艺术修养

角色情感不受意志支配，但创作的源泉是生活。演员通过深入生活、熟悉生活和观察生活，观察周围的人和事，进行直接或间接的体验，在丰富多彩的现实生活中搜集形象素材，加强情绪记忆，经过认识和分析变成自己直接或间接的体验。演员要创造一个有血有肉、具有真情实感的人物形象，就要刻苦磨练自己，"台上一分钟，台下十年功"。演员要想使自己创作的角色情感饱满，就要向生活学习，在创作上不偷懒，不侥幸，有耕耘才有收获。

图312　1970·夫妻北京四合院合影

图313　1997·夫妻北京合影

許氏資料收藏

图 314　1998·夫妻北京景山公园合影

图 315　1998·夫妻北京什刹海边合影

图 316　1999·夫妻在美国探亲时合影

图 317　2001·与孙子许玥明和老伴在圆明园合影

图 318　2002·与儿子全家合影，左起孙子许玥明，儿媳王婕，老伴王桂云，许忠全，孙女许玥芃，儿子许棣

图319　2002·与老伴、儿子合影，左起老伴王桂云，许棣，许忠全

图320　2004·全家福，左起：许颖，许忠全，王桂云，许棣

图321 2006·夫妻景山公园合影

图322 2009·与女儿合影，左起许忠全，女儿许颖，老伴王桂云

图 323　2010・夫妻北京太阳城合影

图 324　2011・夫妻北京合影

許氏資料收

图325 2012·与外孙刘线合影，左起许忠全，外孙刘线，老伴王桂云

师　友

　　无论是在电影界、电视界还是话剧界，我都有幸结识了不少老前辈、老艺术家，其中就有长春电影制片厂导演林农。从1974年开始，在拍摄影片《金光大道》的日子里，我们有一个逐渐认识和了解的过程。开始林农导演认为我是一个表演教员，在表演上只会说理论，不会演戏。对我能否演好冯少怀这个角色，从导演的眼神中可以看出他有所顾虑，有些不太信任。经过一段时间的磨合，在艺术创作上，终于取得了导演的认可。后来我和林农导演在艺术创作上和日常生活里逐渐加深了了解和友谊。我和林农导演相识的过程也是我创造第一个银幕角色的艰苦过程，他对我的接纳也经历了由开始的顾虑——不太信任——理解——认可——赞赏——喜爱，最后达到对我的表演非常满意的过程。

　　《金光大道》即将结束拍摄时，有一天早晨，我遇见林农导演，看他很高兴的样子，我有点儿感觉意外，因为很少见到他如此兴奋，他主动亲切地招呼我说："许忠全，今天晚上来我家吃饭，嘿嘿，我知道你是回民，我和刘惠民（林导的爱人）从早晨五点钟就起来了，我们用碱水使劲地刷锅、洗碗，把筷子、勺子都用开水煮了一遍……"林农导演说完，我愣住了，我受宠若惊，无言以对。林农导演是长影一位有名的大导演，请一个普通的演员吃饭，而且是在食品匮乏的二十世纪七十年代中期，一切都要凭票定量购买，他专门请我一个人吃饭，我真不知说什么好。在拍摄影片的过程中，我们往返长春 — 北京几次，改编《金光大道》中集，又长期住在北京，很抱歉，由于种种原因，我没请林农导演吃过一次饭。林农导演的约请，使我很感动，谢谢他和全家对我的热情款待。在拍《金光大道》中集的时候，我们经常讨论电影方面的问题，最后我们成了很好的朋友。

　　在影视圈里也遇到过老师辈的忘年交，我接触时间较长的就是凌元老师，我和凌元老师早在二十世纪七十年代电影家协会和电影资料馆组织的影视业内活动中就认识了，而且我还到凌元老师家里做过客，我们在影视创作上一共有过三次合作。每一次合作，凌元老师都给我留下了很深的印象。记得1978年我和凌元老师开始第一次合作，有一天，她突然给我打电话说："后天早晨7点，到宿舍接你，我们到通州外景地拍一场戏，我演你妈妈。

图 326 2010·《流金岁月——邻居》与表演艺术家凌元合影

时间紧，既要熟悉咱俩的戏，还要把台词说好。"外景地很苦，凌元老师那时已经 70 多岁了，可她拍戏时一丝不苟，认认真真。导演说："行了。"可凌元老师像请战似的说"再来一遍"，导演同意了。我和凌元老师只有一天和 20 多个镜头的接触，可老人家的敬业精神深深地打动了我。她在工作上吃苦耐劳，精益求精，待人方面和蔼可亲。拍电影《邻居》是第二次合作，凌元老师打老远就叫我的名字，我听到之后，马上跑过去，紧紧抱住凌元老师，嘴里叫着"妈妈"，凌元老师笑着说："这次不是演你的妈妈，而是演你的丈母娘。"我半开玩笑地说："丈母娘不也是妈吗？"两人哈哈大笑起来。拍电影《邻居》我们合作得很愉快，我们之间相处得跟一家子人一样，互相关心，互相照顾。通过这两次合作，我和凌元老师更亲了，相互之间时不时地打个电话问候一下。第三次合作是 2010 年中央电视台电影频道要拍摄金鸡奖影片《邻居》的专题片，名叫《流金岁月》。凌元妈妈再次见到我，她很开心地边张开双手边叫我说："许忠全，你好呀，我们又一次见面了，说明咱娘儿俩

图 327　2010·《流金岁月——邻居》演员合影，左起持照片者：陈涅，蒋耀玢，许同均，许忠全，凌元，郑振瑶和导演郑洞天

有缘分。"我抱住凌元妈妈回答说："妈妈您好，您的脸色和精神面貌都不错，您千万多多保重！……"我们娘儿俩相拥许久。（图 326-327）拍完《流金岁月》，我和凌元妈妈手挽手，为了送我，她走了很远，我和凌元老师真是难舍难分，最后她给我送出了北影大院。2012 年 1 月 20 日，晴天霹雳！我万万没有想到凌元老师就这么突然地走了。我很悲痛，我因病不能长时间站立和走动，遗憾地没能送亲爱的老师一程，我衷心祝愿德高望重的著名电影表演艺术家凌元老师一路走好，我一定把您那妈妈般的慈祥和善良永远保存在我的心坎里。

　　1982 年我还有过一段与西部歌王王洛宾先生相识的难得经历。当时我们在新疆乌鲁木齐市招生，因生源较少，在苦于没有合适的考生情况下，招生组看中了乌鲁木齐市歌舞剧院的三名演员，经自治区批准，同意录取这三名学生。这给乌鲁木齐市歌舞剧院带来了不少的困难，演员的减少肯定给当时剧院演出排练造成麻烦。作为招生组负责人，我心里确

实过意不去，于是我们专门到歌舞剧院登门感谢。那天正赶上歌舞剧院在排练王洛宾先生的歌剧《奴隶的爱情》，排完两场戏之后，让我们提意见，我说："感谢您们对我们招生工作的帮助，同时给我们这次学习机会，可是我们不懂歌剧。"我开始婉言谢绝了。但是我又想，人家把三名好学生给了我们，请你们提点儿艺术上的意见都不行，也太不礼尚往来了吧？于是，我根据自己多年的表演实践，在个别演员的表演台词上还是提了些建议，并登台为演员们进行具体指导。（图328-334）这样的艺术交流和探讨使我们之间建立了深厚的友谊。

另一位前辈、导演和良师是谢添先生，在拍摄电视剧《荣获冠军的亚军》中，我担

图328　1981·在乌鲁木齐排练场指导歌剧《奴隶的爱情》，与西部歌王、作曲王洛宾合影

許氏資料收藏

图329　1981·在乌鲁木齐排练场指导歌剧《奴隶的爱情》，作曲王洛宾

图330 1981·在乌鲁木齐排练场指导歌剧《奴隶的爱情》，作曲王洛宾

图331 1981·在乌鲁木齐排练场指导歌剧《奴隶的爱情》，作曲王洛宾

图332 1981·在乌鲁木齐排练场指导歌剧《奴隶的爱情》，作曲王洛宾

图 333 1981·在乌鲁木齐排练场指导歌剧《奴隶的爱情》，作曲王洛宾

图 334 1981·在乌鲁木齐与市歌舞剧院领导、王洛宾和全体演员合影。前排左三为王洛宾，左四为许忠全

任男一号。这个戏拍得很苦，是义务宣传亚运会的电视剧。（图335）场景在门头沟山区，有一场戏是实景的铁匠铺，屋中黑土遍地，摸哪儿哪儿黑。一天戏拍完，我几乎变成一个黑人了，因为我戏多，别人拍完就走了，最后只剩我一人。谢添老师已经70多岁了，从早晨七点半出发，九点钟左右到门头沟外景地，每天都是晚上七八点钟拍完。汽车要分别送导演和我回家，谢添老师住在北太平庄西北角的北影大院宿舍，我住在市内南锣鼓巷的东棉花胡同，我和谢添老师住家相距很远，汽车先路过谢添老师家，然后再花40分钟或一个小时左右到我家。最让我感动的是谢老到北影宿舍不下车，非先送我到东棉花胡同，谢添老师再返回北影大院。这时已经是晚上九点多钟了，一连三天这样，我说："谢老，您拍了一天戏，也没顾上休息，晚上早点儿回家歇息吧，您都是高寿老人了，还大老远地先送我，我真不好意思。不然我就在太平庄坐公交车回家……"谢老说："人要是心里高兴，不但不累，而且还解乏……，你小子的戏一天比一天好，真棒！"我说："那您明天不好好演，您就不用送了。"谢老瞪着眼对我说："别！明天要更好！"谢老不怕苦，不怕累，对待艺术这样兢兢业业，他那么爱自己心中的艺术，他爱才、惜才达到忘我的境界，令我由衷地佩服。他每拍一个镜头在创作上都是那么认真，有一次我穿的一双布鞋要做旧，本来服装员可以做，可是谢老非要亲自动手，手抓泥巴往鞋上抹，一直到他满意为止。谢添老师在拍摄现场的一举一动，甚至一个思考，都给我留下了深刻的、难以磨灭的印象。我和谢老合作才半个多月，但我收获颇丰，真有"听君一席话，胜读十年书"的感觉，我

荣获金牌的亚军 荣获了世界冠军的铁虎回到家乡，领导和乡亲为此庆贺，而当铁匠的父亲却认为儿子只是第二名。父亲朴实、真诚的话语使儿子和乡亲们明白了一个道理：永远向前，不能满足于已有的成绩和荣誉。8月30日播出。（上图为该剧剧照）

图335　1990·电视剧《荣获金牌的亚军》简介

很珍惜这段难忘的日子。

我觉得我的一生还是丰富多彩的，走过了大部分祖国的山山水水，周游了欧美各国，结交了社会各界的朋友。（图336-345）我一贯认认真真地演戏，老老实实地做人，因此得到了业界的认可和相应的荣誉。我先后成为中国电影家协会会员；中国戏剧家协会会员；北京

图336 1964·在山西刘胡兰故居

图337 1964·在延安宝塔山下

图338 1967·在四川重庆八路军办事处

图339 1975·与74班工农兵学生在农村劳动，左一

图 340　1992·在厦门鼓浪屿

图 341　1996·在巴黎蜡像馆与莫里哀蜡像合影

图 342　1996·在伦敦卓别林塑像前留影

图 343　1996·在美国街头与印第安乐队合影

图 344　1996·在美国纽约留影

图 345　1996·在美加边境尼亚加拉瀑布边留影

电视艺术家协会会员。个人的业绩被收录进中国电影演员辞典和中国当代艺术界名人录等。（图346-347）在参加各协会的活动中也结识了很多同行和朋友，经过相互交流和联系，朋友之间结下了深厚友谊。（图348）晚年，特别是退休以后，我更多地参与社会活动，于1994年被北京礼仪文化艺术公司聘请为艺术顾问； 1998年被北京中亚新闻文化发展公

图346　1997·个人业绩被收入中国电影演员辞典

图347　1997·个人业绩被收入中国当代艺术界名人录

图348　1982·中国电影家协会会员与夏衍先生等共渡春节,后排左七

司聘为艺术顾问； 2000 年中国话剧艺术研究会颁发荣誉证书：为许忠全在话剧艺术园地耕耘逾四十年，对话剧事业做出有益贡献表示敬意；2007 年由文化部所属中华儿童文化艺术促进会、北京电视台青少年节目中心、中华文化信息网亚洲青少年文化艺术交流联盟和中国儿童网联合举办的蒲公英第七届青少年优秀艺术新人选拔活动特邀我为评委。（图 349-354）

图 349　1989·北京市高等教育局·北京市教育工会·中央戏剧学院·荣誉证书

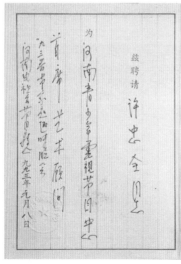

图 350　1993·河南电视台·聘书

聘 书

特聘请许忠全东授为本
"中心"的高级艺术顾问，负责指
导本"中心"的艺术创作、文艺表
演工作。

此致

敬礼

广东惠州·南方艺术中心
一九九三年 月 十 日

許氏資料收藏

图 351　广东省惠州市·南方艺术中心·聘书

荣誉证书
RONG YU ZHENG SHU

许 忠 全 同 志
您 在 话 剧 艺 术

园 地，为 话 剧 事 业 做

出 有 益 贡 献。特 发

此 荣 誉 证 书 向 您

表 示 敬 意。

耕 耘 逾 四 十

年

中国话剧艺术研究会

二〇〇〇年十二月 日

許氏資料收藏

图 352　2000.12·中国话剧艺术协会·荣誉证书

图353 2007·蒲公英第七届·评委聘书

图354 2007·蒲公英第七届·评委聘书

我在多年的演艺事业中更是得益于同行朋友们，我们是同在一个演出组的演员，无论是电影、电视剧，还是话剧，以及电视小品和晚会，我们曾同台演出，结下深厚的友谊；（图355-356）还有不少影视圈外的好朋友，都是热爱生活，感情真挚

图355　1980·《车水马龙》，上海电影制片厂，与同组演员和好朋友合影，左起李兰发，许忠全，于明德

图356　1992·与演员朋友合影。左起：李翔，许忠全，黄宗洛，王澍

图357　2014. 04. 01·与连趣网 CEO 赵刚合影

图358　2005·广告剧照，左一

的知己。（图357）因为我一生中拍摄了不少题材、风格不同的电影、电视剧和话剧，塑造了很多性格各异的角色，自己始终坚持一步一个脚印地深入生活，向生活学习，从生活中吸取创作的营养，才使自己创作的人物形象比较真实、自然，具有鲜明的个性特征，使观众过目不忘。我也总是在艺术创作中尽量使角色内心世界更加饱满，情感更加丰富。多年以来，我还尝试拍过公益广告和电视专访《夫妻剧场》，节目播出后，接到很多朋友打来的电话，得到较热烈的反响。（图358-362）我也知道媒体记者写了许多有关我影、视、剧创作方面的评论文章，在各种涉及影、视、剧的杂志和报刊上发表的不少。因为种种原因，我错失了收藏的机会。又时间相隔长久，很难再找到和收集齐全这些宝贵的文字材料了。

图 359　2005·北京电视台《夫妻剧场》

图360　2005·北京电视台《夫妻剧场》

图361　2005·北京电视台《夫妻剧场》

图362　2005·北京电视台《夫妻剧场》

我经过多次的翻箱倒柜，才好不容易翻到一些近年的文字材料，如获至宝地把它们保存下来。我知道这只是其中零散的几篇文章，大概也能略见一斑了。（图363-393）

我的艺术人生就是在舞台、银幕、屏幕上表演，实践，实践，再实践。我曾读过《一辈子——吴祖光回忆录》，作为著名编剧和导演，吴祖光先生在收录其中的《闯江湖》后记中谈到："有人问，为什么总要写演员呢？为什么对演员有这么大的兴趣呢？是的，我对演员有着深厚的感情。倒不仅仅是因为我的妻子是演员，而是由于我尊重演员

从冯少怀到马大车

赵健

《车水马龙》是一部饶有兴味的反映新农村生活的喜剧片。它既有北京郊区农村的独特地方风味，又反映了农村现代化的发展方向。一些主要演员的表演也真实、生动、有味道。许忠全所扮演的主角马大车，引起了观众的浓厚兴趣，特别受到农村观众的称赞。

许忠全拍摄的影片虽然不多，但单单一个《金光大道》中的富农冯少怀，就给观众留下了很深的印象。这次在《车水马龙》中扮演的马大车，把一个憨直、勤劳、积极而又思想保守的城郊公社的老资格车把式演得活灵活现。

喜剧往往看来轻松，演来却不简单。因为演好喜剧，需要演员有高度的热情、浓厚的兴趣、加倍的认真和相当的技巧，需要在严肃中透幽默，真实中出情趣。许忠全对此曾进行过长久的研讨、实践，因而能在喜剧形象创造中施展功力。

许忠全同志是中央戏剧学院专业表演教师，五十年代末期毕业于这个学院表演系。他从小生活在北京牛街一带回民居住区，对北京城乡人民群众的生活相当熟悉，对话剧表演也极为喜爱。为了实现从事戏剧艺术的理想，常常利用课余，到北京人艺等剧院，通过协助作效果等活动，观察、学习老演员们的表演艺术。后又经受了系统的戏剧专业高等教育，在以后不断深入工农兵生活中积累了创作素材，使思想、生活、艺术技巧诸方面修养日益加深。他从事表演教学已二十来年，在授课之余还参加了不少表演艺术实践，如近年来就参加了《伪君子》《饰奥尔贡》等舞台戏的演出，还参加了北影拍摄的《伤逝》的演出，并将参加电影学院新片《邻居们》的拍摄。我恳他能有新的探索、进取与新的成就。

演员介绍

图363　1980·《北京晚报》从冯少怀到马大车

明星生活

"体育与艺术有一种天然的、密不可分的关系。演员要演好戏，就要有强健的体魄和体育技能，还要有会驾车、骑马、爬山、游泳的适应力和灵敏性。而体育运动，则给演员提供了很好的训练方式。"52岁的电影演员、中央戏剧学院的教师许忠全，就是这样说和做的。

他在上大学时，就是国家三级足球运动员。在30多年的艺术实践中，凭着良好的体质，承担繁忙的表演和教学工作。1980年，他在《车水马龙》中饰主角"马大车"，替自己设计了一场喜剧效果很强的"汽车追人"的戏，要不是平时练就的好身体，以百米速度飞跑，非让汽车轧死不可。

他说："体操明星表演中，女运动员在音乐伴奏下跳跃、旋转、起舞，动作规范、完美。从中体现了对动作的理解，表现出她们的音乐感、舞蹈天赋。从动作、表情上可以看出她们丰富的想像力和理解力、奉献美的追求、显露心灵的美。这对观众和裁判，产生了巨大的征服力和感染力。""竞技项目也如此。美的职业篮球演明星们，接球如空中揽月，盘旋似囊中取宝，足球王国巴西队，踢球也讲究的律美、节奏鲜明。这些都说明体育运动与艺术有着密切的关系"。

许忠全非常关心体育事业，经常阅读报刊上的体育新闻，观看电视转播的体育比赛。看到一些体操小将临场失常的情况，意识到他们的文化素养太差，平时缺少艺术修养和训练的引导。

他说："当我来到体操队，知道他们大部分时间花在专项训练上，文化学习很不够，很少有机会看电影、听音乐会，甚至没有到剧院看过芭蕾舞，我感到很不意吃惊。表演是一种艺术，苏联著名体操运动员奥梅里扬奇科每天有一小时以上时间，安排上舞蹈艺术、表演艺术和形体训练课。在国外，体操和其他许多项目的运动员，把舞蹈当作必修课。美国职业篮球明星在训练中加进做芭蕾舞的动作，巴西足球队员们的桑巴舞也跳得很出色。我国运动员在这方面的修养欠缺。相比之下，我国运动员在这方面的修养欠缺。如果一个体操运动员没有一定的艺术修养，即使其技术难度动作很大，也很难给人带来美的享受。我认为，提高运动员的文化水平和各方面的修养，是我们体育工作一个'迫在眉睫'的任务"。

（摘自《体育博览》）

图364　1981·《体育报》许忠全的体育观

许忠全的体育观

杨秀庐

图365 1982·《喀什葛尔文艺》季刊·第3期·p.67·许忠全文章《艺术的生命在于真实》

图366 1982·《喀什葛尔文艺》季刊·第3期·p.68·许忠全文章《艺术的生命在于真实》

图367 1983·《北京艺术》杂志·第10期·目录·许忠全文章《实践与探索·银、屏幕形象创造》

图368 1983·《北京艺术》杂志·第10期·p.34·许忠全文章《实践与探索·银、屏幕形象创造》

图369 1984.08.26·《新疆日报》这里是"阿凡提的故乡"

图370　1984·中国电影出版社·《邻居》一版一印

图371　1984·中国电影出版社·《邻居》一版一印·p.268·许忠全文章《真情实感地在银幕上生活·喜凤年形象塑造的探索》

图372　1987.03.21·《体育报》·对许忠全先生的采访报道

乌鲁木齐晚报 87.5.7

他没时间轻松

访中央戏剧学院表演系教师许忠全

中的马大车……他是中央戏剧学院的教师许忠全。

他，演过许多角色：《金光大道》中的冯仁怀、《车水马龙》子》，电影角色不多，

这几年"柜"这词儿是时时的，许忠全一定记得《尼尔斯骑鹅旅行记》吧，那话说可爱的小囝囝加洛特的配音。真是你不出那尖细的声音自己一半哥男人之口。

他爱笑，朵朵扑什么事都能找出点幽默来，逗乐了别人他也笑。然而，看《芙蓉镇》时，他哭了好几回，不光泪流交流，还哭出了声，委屈了口袋的手绢不说。

他是个忙人，有些忙着别人知道他的，有

持不下来。但只听了十

中央戏剧学院八二级新疆民族班的学生。

他最近参加了广西电影制片厂故事片《青它回波面》的拍摄，一人扮演网个角色：电视台编剧孟伟和聚什么乡长老实。这是两个长和酷肖的人物。

许氏资料收藏

图373 1987.05.07·《乌鲁木齐晚报》·对许忠全先生的采访报道

戏剧电影报

中国电视报

图374 1990·《中国电视报》·《带后院的四合院》简介

宁夏日报

艺苑春秋　壮心不已

——访回族表演艺术家许忠全

马广文　尤素甫

"马大车！"在宁夏话剧团门口，人们一眼就认出了他。他头上扣一顶贝雷帽，身穿黑色运动衣裤，体貌丰富，风度潇洒，脸上总带着微笑，周围的人不时起爽朗的笑声。他就是著名的回族表演艺术家、中央戏剧学院表演系许忠全副教授。

这几年宁夏话剧团以深入农村、上演有鲜明地方特点和民族风格而大贴近生活的话剧，受到全国戏剧界的好评，只是班底青黄不接了。1992年中央戏剧学院将招收宁夏定向班，为了搞好专业考试，许忠全和他的五个同事来到宁夏话剧团。

许老把我们让到他的住处——话剧团二楼一间简陋的办公室，里面只放了一张木床，一对沙发。"许老，您就住在这里？"我们惊奇地问。"这里就挺好。考场在四楼，工作方便，反正只几天嘛！"他狡狯地笑着，接着便介绍了他

的简历。他，北京市人，回族，现年56岁，出身贫苦，童年放过羊，做过小工，中学时功课全部优秀。解放后，他反二声痛哭之余，感到了艺术那种征服人心的魅力，决心当一名演员。1955年高中毕业后，他考入了中央戏剧学院表演系。当学生的时候他就在许多戏剧、电影里扮演过角色。从《黄河飞渡》中的技术员到《桃花扇》里的阮大铖，从《三里湾》里的满喜到《青年近卫军》中的列宁等等。1959年毕业留校，从事戏剧教学工作，同时也拍电影。《金光大道》中他扮演冯仁怀获"金鸡奖"的优秀影片《邻居》里他演了喜队长；在《车水马龙》里他主演了董其武……这些都给人留下了深刻的印象。他还拍过他的表演真实、生动、质朴，深受观众的称

赞。他是一位性格演员，创造过各种多样的人物：学生、农民、工、干部，既可演正剧，也能演悲剧，他还是一位优秀的配音演员。著名的《尼尔斯骑鹅旅行记》《福尔摩斯》《车祸》等电影里都留存了他的声音。当然，这些工作只是他艺术生涯的一点微薄力量，是对党、对人民的报答。

"您肯定很忙啊！"是的，最近刚从新疆回来，也是忙着排戏。这里还要干下去了。"说着他递给我们一张盖着国家安全部大红印章的电视连续剧《国家安危》的计划书，上面印着：总导演、顾问、主演、主艺术等。

"许老，您是第一次来宁夏吧？""哪里！我告诉你们，我是在宁夏长大的呢。1959年，我的老伴，那时还是末婚妻嘛，作为回族妇女干部调到宁夏工作。我于结婚的那年来到宁夏，就在银川市的一个小房子里，我们举行了婚礼，三天以后我赶回北京参加演出……"他说，这一次我在宁夏

又遇到了30年不见的内弟。我的表弟、表妹都在这里工作。突然，他脸上的笑容被一种极为严肃的表情覆盖了："我原来是个穷苦的放羊娃，是党把我培养成了演员、副教授，作为一个回族知识分子，我早就想着要为宁夏的文艺事业做出一点微薄力量，是对党、对人民的报答。

许老是著名的回族表演艺术家，又是在戏剧教育事业中倾注了全部心血的民族艺术教育家，他匆匆而来，匆匆而去，我们祝福他的愿望早日实现。

专访

1992 年 1 月
22
星期三
农历辛未年
十二月十八
第11905期
（代号73—1）

图375 1992.01.22·《宁夏日报》专访许忠全"艺苑春秋 壮心不已"

这个职业。第一，演员是一个光荣的职业，是一个给人们快乐，给人们幸福的职业。在苦难的生活当中演员能够给人们欢乐，即使是一个悲剧，催下了观众的眼泪，但却又能给予观众以启示和安慰，有净化人们心灵的力量。这是许多观众明知到剧场去会惹出一场伤心落泪，但仍要去看戏的原因。第二，演员要完全凭着自己的本领来取得观众的同情，完全依靠自己的表演来得到观众的信任和喜爱而不凭借任何外力。譬如写文章可以请别人代笔，作报告可以让秘书拟稿，资产阶级的政客可以说假话欺骗群众……但是演员在台上表演，却只能凭真才实学来征服观众，左右观众，一句话、一句唱、一个舞蹈动作都要求高度的准确；因为在台上他们只有表演一次的机会，不能错了重来——这样的情况也许连运动员也不能相比。我之所以尊重演员，崇拜演员，还有另外一个原因，就是我曾经有志于做一个演员，我也做过不止一次的尝试，但是都失败了；一上台我便觉得手足无措，甚至吓得发抖。而一个好演员身在众目睽睽之下，却如在自家居室，从容不迫，举重若轻。这使我

中央电视台《春节晚会》节目单介绍（1992年）

许忠全，中央戏剧学院副教授、中国电影家协会会员、中国戏剧家协会会员、北京电视艺术家协会文化协会理事，曾创造出百余个角色；在影片《金光大道》中，他扮演冯少怀获得成功，随后又在《车水马龙》中成功地创造了马大车的艺术形象，并著有《表演专业教材》等书。多次在中央电视台及省市台的春节文艺晚会中担任主持人并参加小品演出。

黄宗洛，1926年生于北京，自打北京人艺建院起就在首都的话剧舞台上跑龙套，以擅演小角色而著称，代表作有：——《茶馆》里的松二爷；《智取威虎山》里的小土匪；《三块戈国币》里的警察等等。

登上屏幕是离退以后，近些年来的事，故称影视新秀，前后大约出了十来部电影，三十来部电视剧。如《找乐》里的主角韩珪长；《黑白人生》里的祖师爷；《田野又是青纱帐》里的阴阳先生王双龙会》里的老神仙；《远离战争的年代》里的主人公御案；《黄土坡的婆姨们》里的康大叔；《擎天柱》里的鼠药大王黄保全；《月是故乡明》里的掌上先生徐秋茶；《吉祥胡同甲5号》里的郑大爷；《严凤英》里的祠堂三太爷；《老枢外传》里的老枢等等。

韩善续，北京人艺一级演员，中国戏剧家协会会员，电影家协会会员，从艺36年曾在50多部话剧及50余部影视作品中创造出性格迥异，形象鲜明的艺术形象，深受广大观众喜爱，如《茶馆》中的大傻扬，《蔡文姬》中的右贤王，《雷雨》中的鲁贵，《天下第一楼》中的罗大头，《鸟人》中的百灵张，《甄三》中的大恶霸高阔亭都给观众留下了深刻的印象。

郭冬临，北京人民艺术剧院演员。毕业于上海戏剧学院表演系。参加过数台话剧的演出及多部影视剧的拍摄。在中央电视台及地方电视台多种大型晚会及93年春节晚会中参加小品演出，获得观众的喜爱。

李小丁，1979年考入青海省话剧团任演员，曾在《她含笑死去》、《劳资科长》、《开拓者狂想曲》、《骆驼泉》、《黑雾》、《雪祭唐古拉》等戏中担任主要或重要角色，因在《雪祭唐古拉》中成功地饰演了冯云杰在1991年青海省专业戏剧调演中获表演二等奖。

洪剑涛，空政话剧团演员，曾在电影《请把信留下》任男主角，在《曙光》扮演小高，在电视剧《特殊军营》饰秦得利，在《良家妇女》饰男主角。在《追逐太阳》中饰黄奇。他上演的小品《新兵蛋役》、《女长官》饰主要角色，被誉为"山西的赵本山"。全国第一届小品大奖赛三等奖，1988年全军文艺汇演获表演奖。1992年第五届全军文艺汇演获表演一等奖。

康永旺，山西省定襄县文化队知名滑稽喜剧演员，现在中央戏剧学院表演系进修表演专业，曾多次获区县优秀演员奖。他曾在中央电视台播放的《民间文艺集锦》中饰演卓别林，曾在电视剧《折口战役》、《女长官》饰主要角色，被誉为"山西的赵本山"。

徐丰年，辽宁省本溪市话剧团演员，曾在话剧《绑架》、《美女蛇》、《十八级委员》、《魂归》、《悬崖》、《大船》、《红绿灯下》饰主要角色。小品《父母情》、《该怎么办》均获辽宁省小品大奖赛表演一等奖。在电视剧《双曲线谋杀案》、《这里有一方圣土》、《大潮的合鸣》、《旋转餐厅》、《嘿，哥们》、《五色土》中任主要角色。

图376　1992·中央电视台"春节晚会"节目单介绍

北京晚报
93.4.23

·6· 1993年4月23日

不错位的恋情

杨 琳

他叫许忠全，中央戏剧学院的副教授，表演专业主讲教师。可人们却时常喊他冯少怀、马大车、赵百万……因为他在这些名噪一时的《金光大道》、《车水马龙》、《赵百万梦幻曲》等影视和戏剧中扮演过上述角色。我呢，一直尊称他"许老师"，因为他年长我三十岁，而且在我步入商业战线之前，在许老师担任考官的考场上初试过，我怪自己缺少演戏的天分，更缺少许老师对艺术的那份不错位的恋情。

许老师生就一副英雄样儿，干部"条儿"，声音也洪亮得像铜钟，所以说戏《杜鹃山》里的雷刚、《县委书记焦裕禄》中的肖木分（焦的化身），好像是专门为许老师这种条件的演员写的，于是有人恭维许老师："你演这类角色是拿手戏！"

许老师听了心里难受——难道我只能"沾"自己体态与素质的"便宜"而演不了与其相悖的角色?!他不服气，不偷懒，不骑"轻车"走"熟路"。就说七十年代拍摄故事片《金光大道》吧，他扮演冯少怀，那从里往外溢的诡秘劲儿，被他刻画得惟妙惟肖。瞧那一眯眼，一个个形体动作，多么传神！所以至今人们也不否认：这个角色被许老师演活了！殊不知，许老师心地善良，平时连一只小动物都不敢惹。偏偏他在这戏中驾驭高头黑子，真像是如临大敌！可他硬是拿出休息时间从小毛驴"摸"起，直到能随心所欲地"使唤"那力如坦克的大牲口。这是为了什么？——塑造多种类型的人物。许老师生在北京，长在北京，硬是在表现蒙古族人生活的电视剧《土坯屋》中饰演了重要角色。粗粗算下来，他扮演多种类型人物六十多个，中国的，外国的，年长的，年少的，正面的，反面的，汉族的，少数民族的，无所不包……问他：哪come的这股子劲儿？——对艺术深挚的恋情，而且这种恋情永不错位。前不久，朋友邀他去搞有偿演出，他婉言谢绝了。他说他的情和力只能分成两份儿——教学和演戏。他说：我爱的是心中的艺术，而不是艺术中的自己……

他讲得多好啊！如此钟情于艺术的许忠全老师，必将永葆艺术青春。

五色土

中国文化报

1993年11月12日·第四版·

许忠全（中央戏剧学院副教授 58岁） 文化名人谈505

505

最近有一新片《福尔摩斯与中国女侠》邀我饰华生，其中有我一个头别下阳的镜头，为了这个镜头我几乎摔这这个我喜欢的角色，因为我血压一直偏高，时感头不适，起敢命命倒吊，自从累了元《带、血压直走常，我与导演冒险而上，扮韩儿次，血压仍低正常。元《带、好！去了我一块心病。

另用去碗减去少收益。一，我多年阳喘，现不虚，好一位年十分多浓，因凡次生多影片配音的关键时刻，壮內一阵"咕哗哗"，带"有杂音，重来"使我好不尴尬，现已不再阳喘，无任何妨之虑，精神倍觉轻松。二，我体重严重超标，无杂食欲太旺。为减肥，节制饭量，长期以来老有饥饿感和疲惫、嘴腻。现在倒着睡着了，自然的吃，自然的瘦，瘦减了3公斤，身体轻松，头脑清楚。

我重点用的是护腰，我多年两腿寒气森森，双膝酸痛、阴弹胀、走路、我的左腿阴阴痛、表感沉没、走到20点，沉腿痛稍全无知的沉了感觉。现来和对好些的阴阳反应更轻了，主给时一阵凉帮嗖、都想叫唤是"505"。

中国文化报
中国咸阳保健品厂 合办
（505神功医药系列保健品）

本报照相排料排版 人民日报印刷厂印制

图377 1993.04.23·《北京晚报》·许忠全专访"不错位的恋情"　　图378 1993.11.12·《中国文化报》许忠全谈养生

更加羡慕他们，佩服他们，这是一种难度很高的职业。"（《一辈子——吴祖光回忆录》，第284—285页）吴祖光先生不愧为我们演员的知音，他对演员职业的高度评价使我感到欣慰。

我不仅一辈子做了一个演员，而且大部分时间都用在了教别人做演员，有时是手把手地教，废寝忘食地教，可以说是活到老——学到老——演到老——教到老。我从1959年毕业留校在中央戏剧学院表演系任教，在校内外教过的学生不说"桃李满天下"，也是数不胜数了，最早教过的学生有的已经退休或离世了，有的已经成为国际、国内的著名演员和明星了，还有的自己成为了艺术院校的教授。而我一直到今天还在教新生，我本着"小车不倒只管

用轻喜剧形式表现老年人生活
系列短剧《老牛外传》别人吴震

电视剧是越拍越多，可真正表现老年人生活的电视剧精品并不多见。前不久在电视台播出的《病房浪漫曲》，虽然是几个神经兮兮的老头儿唱主角儿，可收视率一点不比时装片差。这不，《病》剧的主演之一许忠全摇身一变为《老牛外传》中的退休工人。自从这部微型系列短剧在中央电视台夕阳红栏目播出后，立即受到了老年观众的注意。

由石林、臧希、臧里编剧，鄢丽娜执导的这部系列剧，运用轻松幽默的喜剧语言，讲述了老工人牛洪顺退休后面对新生活的一个个有趣的小故事。

比如，如何对待子女的婚事，如何开创退休后的生活，发展业余爱好等，都是退休工人所面临的实际问题。编导者以轻松愉快的心态诠释了这些故事，塑造了老牛这位具有典型性格的可爱老人形象，真实地表现了退休老人的心态以及他们积极向上的人生态度。

《老牛外传》播出后，受到了观众的欢迎。夕阳红栏目为此请来数十位老人谈观感，从中获益匪浅。不单单是俊男靓女、儿女情长，能够从普通的人和事中发现不平凡。走进老年人的心里，一样能拍出好作品来。《老牛外传》给编导者以新的启示。

据悉，该片将于近期在中央电视台重播。满岩

許氏资料

图379 1995.10·《中国电视报》·对许忠全先生的介绍

许忠全在家中

留住青春

文/孟晓捷 94.9.17《健康报》
国家版

电话里，许忠全的声音浑厚透亮富于热情。问他最近在忙些什么，他苦哈哈地"唉"了一声，为了准备职称评定的外语考试，大热天里他正每天逼着自己"叽哩哇啦"地背俄语单词呢。但随后便又出人意料地在电话里开心地哼起了他年轻时代唱过的俄文歌曲——而就是这一瞬间，使从未谋面的我们成了朋友。

在去他家采访的路上，我的脑海里一直跳跃着一个历经许久但一直未能忘怀的形象，那就是《金光大道》里那个老是斜睐着眼作坏笑状的"滚刀肉"——冯少林。他的扮演者就是现任中央戏剧学院表演系副教授的许忠全。

许忠全嘻嘻笑着从屋里走出来，显然比演"滚刀肉"时胖了不少。他的举止神情又透着轻捷欢愉，绝无学院教授常有的矜持严肃。

说起"冯少怀"这一形象，不能不提到许忠全。很久以前，许忠全扮演的角色多是凛然正气的人，一些搞电影表演的老师对他说："你眼里没泪水，肯定会失败。"许忠全对此不以为然。于是，他和自己较上了劲儿，

最终把个"滚刀肉"演得活灵活现。

正是这股不服输的"侣"劲儿，不仅使他塑造了各具特色的艺术形象，而且还造就了他心灵状态的"年轻化"。他相信，一个人的生命中拥有很多天赋的潜能。但很多人随着年龄的增长渐渐放弃了对自己潜能发现开掘的兴趣。他不然，尽管已近花甲之年，但生活对他而言，"太阳每天都是新的。"

一个好演员的成功往往体现在他对人物节奏感的准确把握上。教了40年表演课的许忠全深谙此理。但他同时也认为，生活中一个人如果要给人给自己留下一种健康、年轻、富于朝气的精神状态也需要把握好"节奏"。

节奏不是速度，而是一种内心的律动。有时节奏是慢的，但速度是快的，有时又恰恰相反。许老师又举例说，有些人走路说话速度很快，但他的内心节奏却是平缓的，而在另外一些情景下，外部动作是慢的，但内心活动却是紧张、激烈的，如烈士上刑场。

那么，节奏和健康养生又有什么关系呢？为此，许老师概括了一句话，即"不要把自己的年龄、身体状况当成是我应该

这样生活的节奏依据。"这时，许老师站起来一手捂着胸口，一手扶着桌子，脸上的表情惊恐而忧愁，"哇，我血压可高着哪，不能乱动，动一下脑溢血，可就全完了！"之后，他又笑着坐回椅子上说，"你瞧，这就是病态的节奏。如果因为你有一点儿病，就自愿选择这种病态的节奏，那么你整日所得到的也是病态的感觉。"的确，疾病总是喜欢"亲近"那些时时刻刻不忘提醒自己是个"病人"的人。许老师自己血压也高，但他该吃药就吃药，从不把它郑重其事地"供"在心里当回事。

生理上的变化会客观上成为一个人衰老的根据，但选择什么样的内心节奏却是每个人可以用意识把握的。谈到这里，许老师说："我们也是自然而然地老起来的，因此我们自然而然地追溯到年轻人的感觉状态并不难。""我年轻时就喜欢音乐，我现在不是一撇录音机就响了吗？"的确，年轻时养成的许多良好习惯，如果坚持到老年，可以帮助人们储存、记录年轻时的心灵节奏。比如锻炼，许老师又解释说，年轻时踢足球，年纪大了，踢不了足球，还可以散步、打太极拳。但这改变的只是运动方式，而内心的运动意识和运动节奏却应该是一贯的。

人常说，艺术使人年轻。大概很重要的一点在于艺术能使人保持一种对生命不灭的激情，许忠全正是从各门类的艺术里得了不少的"好处"。比如音乐。每当他听到像《采况》这样牵动情丝的音乐，便像是化了蝶一般，忍不住想在百花园里翻飞一番。还有文学、美术、舞蹈……这些艺术不仅丰富了他的表演理论和实践，而且滋养了他内心的情感。而一个情感充盈的人与衰老是无缘的。

图 380 1994.09.17·《健康报》·对许忠全先生的采访报道《留住青春》

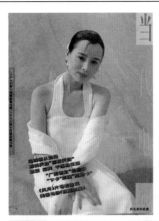

图381　1995·《当代电视》杂志·总第76期

中国图片报■副刊■

■阎同刚

深深迷恋着舞台的许忠全

中央戏剧学院表演系教师许忠全，以他独特的喜剧表演艺术成为当今中国喜剧界颇受广大群众喜爱的演员之一。他虽然已60岁有余，但他对自己所从事的喜剧事业，依然那么执着，那么全身心地投入。

1963年他在莫里哀的《伪君子》中饰演贵族奥尔恭，获得了广大观众及文艺界的好评，从此他开始了对喜剧表演进行深入细致的研究。七十年代以来，在影片《金光大道》、《车水马龙》、《邻居》、《高朋满座》等片中都有他的杰出表演。进入九十年代，他又参加电视剧、喜剧小品的创作演出。

许忠全在表演艺术上，始终追求自己自然而质朴的演出风格，大胆创新，在每创造一个人物上，都从生活经验出发，挖掘多年积累的生活素材，经过加工，运用丰富的想象力，把从生活中观察到的东西，有机地运用到表演中去，把准确而生动形象的外部动作，和深沉、细腻的台词处理结合在一起，逐步地形成自己的风格，因而受到了广大观众的喜爱和称赞。

许忠全从不满足于已取得的成就，更不愿呆在家中颐养天年吃老本，他说："我已六十有余，力不从心，但我要在我有生之时，多带几个班，把自己所掌握的表演经验传授给下一代。"

■1996年10月1日■第四版

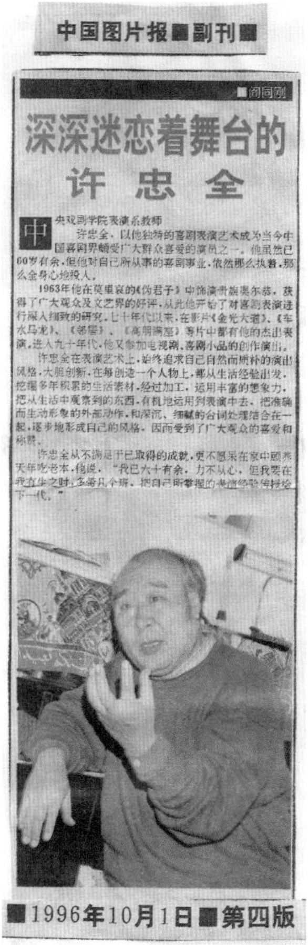

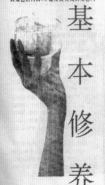

图382　1996.10.01·《中国图片报》副刊·深深迷恋着舞台的许忠全

当代电视研究交流

影视剧演员基本修养

■许忠全

影、视、剧演员的任务是要在银幕上、屏幕上和舞台上塑造出生活、真实、自然、有血有肉的，能够感染观众，引起观众思想情感共鸣的艺术形象。

演员创造艺术形象，不应该认为仅仅在外形上"像"自己扮演的角色就够了。因为这只是演员创造形象的一部分工作，演员更应该在思想上、情感态度上和行动上"像"自己所扮演的角色，这就需要演员进行更加艰苦的艺术劳动。演员与角色的外形固然重要，而演员揭示的角色的内在部分——思想、情感、态度等精神世界则更加重要。从认识上讲，外因是变化的条件，内因才是变化的根据，演员所具有的外部条件，只是天生的，外部条件(演员的外形)只是演员创造角色的一个条件，形体的表现力，形体的可塑性是可贵的。然而，我们要求演员除了必须具备较好的外形条件，为将来创造角色的外部表现力增强形体的可塑性打下基础之外，我们更强调和重视挖掘演员的内部素质。因为演员创造角色时，只有挖掘出角色内在精神世界，也就是要找到角色的内因，才能使演员找到角色内在的不断发展变化的根据。演员对角色的内在精神世界挖掘得越准确，演员就越能寻找到鲜明、生动的外部表现形式，比如角色的行、动、坐、卧的方式与姿态，角色的习惯形体动作以及角色语言的表达方式与特色等。因此，我们认为这样的认识，以及用这种创作方法去创作，才是真正的演员创作道路，也是表演艺术的一般创作规律。

有的演员虽然进入了演员的行列，但是他们轻视演员艰苦的艺术劳动，误认为演员只要有一个漂亮的脸庞、苗条的身材，或是强壮的体魄、悦耳的嗓音就行了。他们认为，剧本中，作家准写一个漂亮的美女或是美男子，以为导演专爱挑这样的美演员，他们认为，把自己原封不动地带到银幕上、舞台上就行了。这种演员用自己的思想、情感、行动来代替在特定的规定情境中，经过作家提炼生活最后典型化了角色。这种演员还有一个缺点，就是他们不爱自己心中的艺术，只爱艺术中的自己。于是，他们表演时，不从人物需要出发，而是自我表现和自我欣赏，试图用自己的姿色来取悦观众，搞所谓"自我感觉良好"。这种演员不会体验剧中需要角色的生活，不会体验角色在特定规定情境中的思想、情感和行动，不去钻研剧本与角色，只靠演员自己的"长相"来演戏。

还有的演员凭借自己的小聪明，自认为是天才。于是在创作上偷懒，不认真读剧本，甚至不读完剧本，把自己所扮演的角色台词一抄，光说自己的台词，记住自己的镜头，就算创作任务完成。极个别影、视演员就是这样"创造"角色的。这样的演员只有一个"本领"——"镜头前见"，或者说"台上见"、"拉开大幕看"。这样的演员演戏不认真，完全凭灵感，凭即兴。因此，什么角色分寸呀、控制呀、认真呀、体验呀，全然不顾，什么人物的规定情境呀，有机的交流与适应呀，根本不管。于是，激情时，就大喊大叫，瞪大眼睛，甚至歇斯底里，表现难过时，就挤眉弄眼，表现惊恐时，双手揪住裤腿，左右迅速扯动，表现打哆嗦时，有一套颤抖的技术，这样的演员，实际上只能是一个卖弄技术的艺匠，永远也不能成为创造真实的人物行为和逼真的人物精神世界和真实情感的合格的艺术家，充其量不过是用纯技术来表现角色的思想情感和人物性格。这种表演是很难打动人心的。

以上列举的某些演员的几种不正确的创作思想和作风，就其根本原因讲，是他们不理解或是轻视了做为一个影、视、剧演员要进行艰苦的艺术劳动这一至关重要的问题，他们忘记了一个演员的基础修养和创作使命。

我们知道，艺术本身有高度的科学性，而科学本身来不得半点虚假，更没有捷径可走。做为一个演员，只有老老实实地向生活学习，生活是演员的创作源泉，只有在生活中才能寻找到素材，吸取到营养。我们知道，演员创造的角色生活是来源于生活，但又高于生活。特别是影、视、剧艺术的逼真性，它要求我们演员创造的人物形象在一定程度上要还原于生活。因此，它要求我们演员要用正确的思想去理解生活、认识生活、忠于生活，用真实的生活体验，用科学的方法进行艰苦的艺术劳动，塑造出银幕、屏幕和舞台上的"活人"，而"活人"——艺术形象才能引起观众思想情感上的共鸣，使观众得到思想上的启迪和艺术上的享受。

我们知道，我们演员要想完成创作

— 19 —

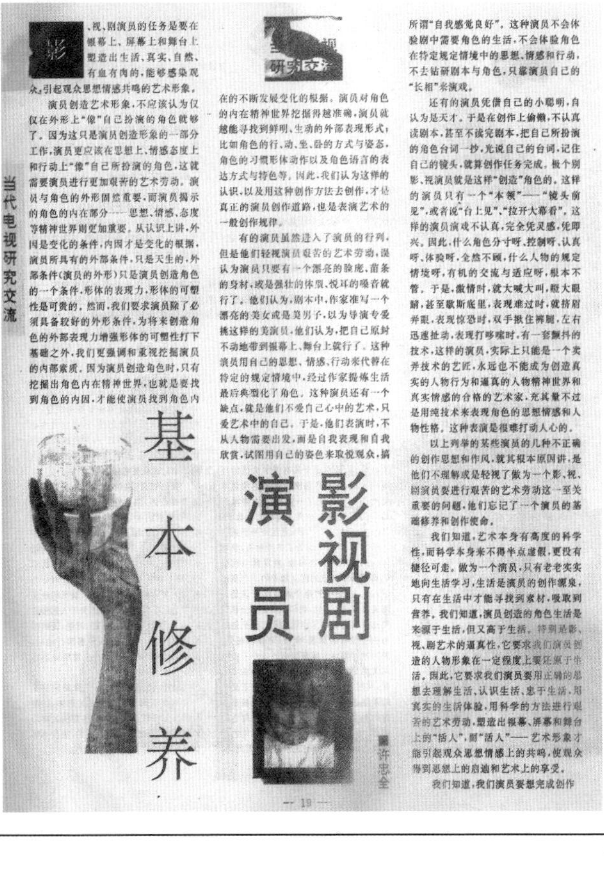

图383　1995·《当代电视》杂志·总第76期·p.19·许忠全文章《影视剧演员基本修养》

夫妻剧场

从两小无猜开始
——记许忠全、王桂云夫妇

嘉宾档案

丈夫许忠全：他在电影中塑造了众多形象，《金光大道》中的落后分子冯少怀，《车水马龙》中憨直的马大车，他是陈道明、陈宝国的老师呢。可是许忠全说他不会演表演课中的恋爱戏，因为他说自己没有谈过恋爱……

妻子王桂云：曾是一名优秀的人民教师，曾与丈夫是同窗，她与丈夫的感情可谓渊源两小无猜？到《夫妻剧场》听许忠全、王桂云给你揭谜底。

■ 我不会演恋爱戏

提起许忠全的名字，年轻一些的读者可能觉得陌生，他不仅是著名演员陈道明、陈宝国的老师，而且还是情影喜剧的从爱家家）中扮演俏老爷子的文兴字的老师呢，可见您常看他是名副其实的桃李满天下。您别看老师是名剧院真的桃李满天下，却有一种戏，是既怕演却更怕教。您问他怕哪一种戏？恋爱戏呗！您问自己在中央戏剧学院读书的时候，每次扮演恋爱戏，表现青年人一见钟情的那种状态，他总是找不到感觉。他们亲亲，我太这么大，却没有过谈爱过恋爱哟……

他和王桂云从小就是同学，两家相隔不到30米，上学放学都在一起走。就这么着，两小就走到了两块儿。那时的中学男女分班，他俩都爱好文艺，都是各自班上的文体委员。许忠全总是留得到女生那的王桂云，每次借那一部分给女生那的王桂云，听那些委员一起组织同学们去听音乐会。听着剧情，同行的同学越来越少，到最后就剩下两个人文体委员。许忠全没觉得有啥不对劲，我们俩从小学着就一样嘛，约在一起做一件共同喜欢的事，这不是很正常吗？至今他也说不清，是从什么时候

候采用对王桂云同学有了异样的感觉，动了爱慕之心。反正在他心里，一直装着这个青梅竹马的女友、平日里、每日是好吃的不玩的，好的好的，理所当然地给她的一分享。

上大学时，许忠全因为常有文章在刊物上发表、所以他挣到些稿费、有一天二他在街上看到，偶然在街上看见了一双漂亮鞋子、鞋子不错，他马上想到，这双鞋能买给身在王桂云的脚上，肯定会非常漂亮，他心里为什么要给她买鞋，只知道如果买鞋就好，能给她啊。他把鞋买回去了，买回去又开始，从期一遍遍买来给、王桂云穿在脚上了。果然如许忠全想像的那样，非常漂亮、真是的时候也很试过，这能合适……

■ 我是来结婚的

王桂云大学读的是师范，毕业就参加工作，成了一名光荣的人民教师。有收入了，她每月都要贴补还在读书的许忠全，买点儿日用品，给点儿零花钱这些，这边就就说着，许忠全总是不愿得这中间有什么喜欢不喜欢的成分，他觉得他俩就这样在一起互相帮助。

1958年，我国成立宁夏回族自治区，北京从各行各业抽调大批干部支援宁夏，王桂云这批干部就在支宁夏的工程

从小在一起的伙伴，长这么大也没什么时间地分开过，这一分开，王桂云心里自不踏实。正读大三的许忠全知道她为啥不踏实，不管他是美女妮云的中央戏剧学院的学生，不管是同班同学，学校里面的女同学个个都漂漂亮亮，谁有王桂云这么好看呢。他们一别就是三个月、8月份，许忠全打算利用暑假把远在王桂云的衣服全放进了两条细细被面当时结婚时的工程车里，在随身携带的衣服里放进了两条绸缎被面当结婚时这种被面，行子就养了下去。当时火车只通到兰州，从兰州到银川的铁路正在修着。许忠全毫不犹豫地搭上了工程车，乘着这老停停的工程车，在路上走了4天才到银川，下了车，他的身子还是动不起。他好说罢听他的老同学王桂云讠时他：你到这儿干吗来了？他回答得很干脆："我上这儿结婚来了"

王桂云所在学校的老师和领导，认真考查了许忠全的学生证以及他本人，俩快确定，这么一看，不管是美女妮云的学生，确实是来要王桂云结婚的，只不过他没办任何结婚手续，也没有两个铺子被面而已。校方那解年轻人的椎气勇气、先帮助一对新人办好一所种各种时用的工程车。终于，全校的老师和领导一起为他们举行了一个热闹的结婚仪式。当晚，礼罢人散，新

人入了"洞房"才想起，还没有床呢。不过这事找办，许忠全找到学校值班的老师傅："大爷，这门板借我一扇行吗？"一会儿，正收拾新房的王桂云见新郎自个儿扛着扇门板，冲进新房里来了。放下门板，新郎又去数家里搬来几把椅子，支起门板就成了"那张床"。小两口对着这一对新被面笑成一团，就这样高高兴兴地。但两新被面当时结婚时成床是借来的，得赶紧安回去继续发挥们的作用。

婚后第三天，沉浸在新婚喜悦中的许忠全忽然收到了远在中央戏剧学院发来的紧急电报，催他即刻赶回学校。

■ 两小无猜的极致

《夫妻剧场》到现在已经讲了200多对夫妻的故事，每对夫妻相识相恋的经历显出生情、一见钟情，经人介绍、不打不相识，由中央戏剧学院的学生，确实是来要王桂云结婚的两小无猜类型……许忠全和王桂云，可算是这青梅竹马、两小无猜类型中的极致，你知道他们小时什么时候吗？

9月22日19：50(BTV-3)播出。

责编 谷立 美编 张蓉

图384 2005·《中国电视报》北京版《京城导视》·第37期·对许忠全夫妇的采访报道

娱乐播报

《不能失去你》中的"老明星"是陈道明、陈宝国的老师

许忠全：长影是我的母校

记者刘畅报道 吴然摄 伦理亲情剧《不能失去你》正在长春拍摄，有意思的是，这部关注儿媳与公公之间关系的电视剧中，年逾七旬的老演员许忠全反而在海清、满江这帮年轻人中成为"主角"。前天，记者赴外景现场探班，看到虽然没有自己的戏，却为陈道明、陈宝国这些实力演员当年在中戏做学生时的点滴经历。

说老段：这个老头和我有点像

新剧中，许忠全扮演善良的老段，起初儿子将媳妇多多带回家，他还觉得意外，可后来他替身在美国的儿子照顾多多，两人却建立了深厚的感情。对于老段的角色，许忠全坦言与他自己的经历有相似之处，"《不能失去你》这部戏主题很贴近现代，类似戏里的事，现实生活中有许多，我就有这样的体会，我的儿子在美国工作，我就替儿子照顾儿媳。这个过程中你会遇到代沟带来的问题，而现实又又强迫你解决。"

聊长春：长影是我的母校

作为老一代表演艺术家，许忠全出演过《金光大道》《车水马龙》、《邻居》等诸多优秀的影视剧，其中与长影合作拍摄《金光大道》、《高阳满庭》等作品与长春结缘。提起长影，许忠全深情地说，"长影是我的母校，那段经历对我帮助很大。"

谈学生：撒手教出陈道明、陈宝国

熟悉许忠全的人都知道他是陈道明、陈宝国的老师，用许老的话说，"陈道明、陈宝国是我扇手教出来的"。与陈道明留给观众深沉、稳重的样子不同，在老师眼里，他是活泼得常常走神、许忠全回忆说，"为了让陈道明集中注意力，我就让他练习找针。我把针放在地上，让他来找，起初他只会粗略地看一圈，但发现这样找不到的时候使会开始认真起来"。许忠全，正是当时中戏打下的基础，加上他们后天的努力，才有了今天在表演上的成就。谈起去年热播的《汉武大帝》中陈宝国的表演，许忠全说，"当年陈宝国还在学校的时候，我们就一起演话剧《杜鹃山》。那时就要求他们在台上以古典的方式表演，很多台词都是朗诵，因为这么多年再演汉武帝，陈宝国对于那种处理对白的方式就显得很顺手。"

图385 2005.05.12·《城市晚报》·对许忠全先生的采访报道

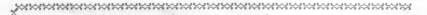

中央电视台"五一"晚会节目表

1、片头 40 秒

2、序　　歌舞《请看特刊》

　　作词：任志萍

　　作曲：郭鼎立

　　编舞：赵小津

　　伴舞：中国人民武装警察政治部文工团
　　　　　海军政治部歌舞剧团

3、小品《工会主席轶事》

　　编剧：张建钟

　　导演：刘宗佑

　　演员：雷恪生、魏积安、曹翠芬

4、歌曲《共同的祝福》

　　　　　（五一代表上台共同演唱）

　　作词：任志萍

　　作曲：邹野

　　演唱：宋祖英

5、小品《男保姆》

　　编剧：石林、藏里

　　导演：娄乃鸣

　　演员：巩汉林、田岷

6、歌伴舞《小人物咏叹》

　　　　　《插播》

　　作词：任志萍

　　作曲：邹野

　　演唱：含笑

　　伴舞：中国人民武装警察政治部文工团
　　　　　海军政治部歌舞剧团

7、小品《无言的结局》

　　编剧：宫凯波

　　导演：曹杰臣

　　演员：孟庆宝、翟羽佳

8、歌《一切不必说》

　　作词：石顺义

　　作曲：孟庆云

　　演唱：胡月

9、小品《下班进行曲》

　　编剧：霍炳权、王真

　　导演：由二群

　　演员：赵钱孙、赵奎娥、蒋宝英
　　　　　张卫国、于莉红、马世红

　　伴奏：步兵、张广汉

10、舞蹈《劳动号子》

　　　　　《插播》

　　作曲：郭鼎立

　　编舞：赵小津

　　演出：中国人民武装警察政治部文工团
　　　　　海军政治部歌舞剧团

11、介绍当代愚公李双良

　　　　　（插播 1 分 30″的事迹节目带）

12、小品《更上一层楼》

　　编剧：石林、藏里

　　导演：黄定宇

　　演员：许忠全、黄宗洛、韩善续
　　　　　郭冬临、李小丁、洪剑涛
　　　　　康永旺、徐丰年

13、尾声　歌舞《劳动变奏》

　　作词：任志萍

　　作曲：郭鼎立

　　演唱：杭天棋

　　舞蹈：中国人民武装警察政治部文工团
　　　　　海军政治部歌舞剧团

14、片尾　（插播）工作人员名单

　　　　　1 分 30 秒

图386　中央电视台·"五一"晚会·节目单

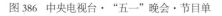

中国电视报

2008年1月28日　第4期

春节特刊 **先读为快**

21集连续剧
不能失去你

编剧：宋春雨　　导演：张番番
主演：许忠全　海清　王锦鹏
　　　赵毅　满江　彭玉

第1至21集 这是个极其特殊的家庭，它的长期成员只有两个人——退休的话剧团灯光师老段和儿媳——25岁的话剧团青年演员多多。多多结婚第二年丈夫少刚就开始了漫长的留学之旅，老段与多多默契地生活着，两个人轮流做饭，奖惩有章。

平静的生活被少刚的归来打破了，多多发现少刚有了外遇。她找到少刚追求的女人，却发现自己的爱情原来轻如纸片，她在离婚书上签了字。

话剧团开始了最后一次平价公费资助买房，多多知道与儿子不再联系的老段拿不出钱来，多多找到"免费长工"、做副导演的"仇虎"，求他帮自己和老段找些小角色，在半年之内攒足缺少的3万块钱。多多告诉老段，剧组通知自己签约了，可以去交房子订金了。拍摄现场，多多和老段看见与投资人纪晓东一起前来的广告商代表竟是少刚。房子下来了，多多的戏也拍完了，可老段发现纪晓东开始"接近"多多，多多与纪晓东的情感渐入佳境。

多多的离婚还是在院子里迅速传开了，多多难过地告诉老段，自己该离开这个家了。"仇虎"为多多找到一间出租房。多多告诉老段，估计不出半年自己就可以撤出出租屋，嫁人住大房子

登门拜访，求多多告诉自己老段的地址，多多给少刚打电话，发现少刚并不知道老段的去向。见面的日子，多多尾随老段，看着苍老的老段蹒跚走进养老院。多多难过地叫了一声"爸——"。纪晓东愤怒地质问多多究竟对他隐瞒了多少事情？多多哑然，纪晓东愤怒离去。

新家内，多多重新写好了奖惩章程摆在了老段面前，并依据章程让老段立即开始做饭。曾经的生活似乎重回，偷着躲进厨房的老段老泪纵横。

卡拉OK厅，高兴的老段感觉不适，借口上厕所离开座位，却一头栽倒在地。

老段在一个鸟声啼叫的早晨离开了……

多多接了一部电视剧，离开北京了。一年以后，重回北京的多多来到饭店，看见了一个熟悉的身影——纪晓东。多多告诉纪晓东，以自己的眼光他并不合格，纪晓东凑近了多多，告之"可他觉得我合格，我说的'他'是你爸"。多多的眼睛湿润了，泪水滑下多多的面庞。

2月10日（正月初四）15：58（BTV-4）播出第1集。

图387　2008.01.28·《中国电视报》·21集连续剧《不能失去你》·介绍。

图 388　2010·《新时代警察》热拍 老戏骨许忠全片场扮鬼脸，《娱乐星闻》2010 年 12 月

校改稿编号：3I₇-DSR·928 *2010.5*

荧屏岁月风雨里　艺术生涯苦甜中
——记中央戏剧学院表演系教授许忠全

许忠全　国家一级演员。1935 年 9 月生，回族。大本学历。1959 年 8 月参加工作，中央戏剧学院表演系教授。为中国电影家协会会员、中国戏剧家协会会员、北京电视艺术家协会会员。1955 考入重点艺术院校——中央戏剧学院表演系，由此开始了其艺术生涯，先后学习了斯坦尼斯拉夫斯基表演体系及各表演流派的艺术理论，并应用于舞台表演的实践活动，扮演过古今中外各类舞台艺术形象。1959 年以优秀成绩毕业并留校任教。在近 40 年的表演艺术教学生涯中，曾编写了大量的表演艺术教材，如《演员如何创造角色》、《浅谈演员的素质与表演艺术的关系》、《演员的角色分析》等，并先后在《当代电视》、《北京艺术》等国内重要文艺刊物上发表了不少学术论文，如：《影视剧演员的基础修养》和《镜头前的表演与话筒前的录音》等等。同时，作为一位民族艺术教育家，为我国少数民族艺术的繁荣与发展奉献出智慧与心血，培养出一批批蒙古族、维吾尔族、哈萨克族、吉尔吉斯族及回族的影视与舞台剧表演人才。学生中有不少已成为国家一级演员、导演、教授和民族艺术的栋梁之才。并在国内舞台、电影、电视剧及广播剧中扮演过不同职业、不同年龄、不同性格的角色。1974 年在国产故事片《金光大道》（上、下集）中，成功地扮演了片中的主要角色冯少怀，其表演真实、自然，使观众过目难忘，由此享誉影坛。此后在荣获"金鸡奖"的故事片《邻居》中又成功的扮演了片中的主要角色喜队长，在故事片《车水马龙》中，塑造了男主角马大车，其深厚的表演功力得到充分的展示。在 44 集电视系列剧《老牛外传》中，发挥出喜剧演员的天分，将退休老工人老牛塑造得栩栩如生，其演技也达到了炉火纯青的境界，不仅赢得了全国各地观众的喜爱，在美国播映后，也深受海外华人、华侨的好评与赞誉。1996 年，访美期间，受到好莱坞市长的接见，被授予该市荣誉市民，并授予了一把美征打该市大门的金钥匙，为中国人在海外赢得了荣誉与尊敬。个人的突出业绩已被收入具有国际影响的《世界名人录》（中国卷）第二卷、《中国当代艺术界名人录》、《中国电影大辞典》、《中国电影演员辞典》、《中国回族大辞典》等著名的大型辞书中。

许氏资料收藏

图 389　2010·许忠全先生·介绍

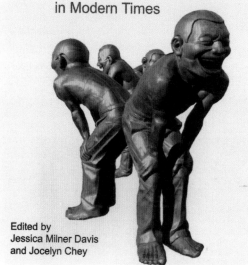

Contents

List of illustrations and tables   vii

Contributors   xi

Editors' note   xix

Preface   xxi

1. Humour and its cultural context: Introduction and overview   1
   Jessica Milner Davis

2. The phantom of the clock: Laughter and the time of life in the writings of Qian Zhongshu and his contemporaries   23
   Diran John Sohigian

3. Unwarranted attention: The image of Japan in twentieth-century Chinese humour   47
   Barak Kushner

4. Chinese cartoons and humour: The views of first- and second-generation cartoonists   81
   John A. Lent and Xu Ying

5. "Love you to the bone" and other songs: Humour and *rusheng* rhymes in early Cantopop   103
   Marjorie K. M. Chan and Jocelyn Chey

6. A "new" phenomenon of Chinese cinema: The Happy-New-Year comic movie   131
   Xu Ying and Xu Zhongquan

7. Spoofing (*e'gao*) culture on the Chinese internet   149
   Christopher G. Rea

图 391　2013·中国人生活与文化中的幽默（英文）目录

6

A "new" phenomenon of Chinese cinema

The Happy-New-Year comic movie

Xu Ying and Xu Zhongquan

The history of the Chinese so-called "Happy-New-Year" comic movie (*hesui pian* 贺岁片) only dates back to the 1990s.[1] When the Chinese film industry was reformed in 1995 as part of the official policy to move from a planned economy to a market economy, and the National Film Import and Export Company was no longer in charge of domestic film release, most film studios had to find their own way to make money. Filmmakers had to think of the market first before they decided to make a film. Some tried to follow Hong Kong market trends and made martial arts action movies; others followed Hollywood into money-making commercial movies. Under those conditions, the Happy-New-Year comic movie emerged in mainland China in 1997, and shone a spotlight on the base of old Chinese comic films.

Background

Looking at the history of Chinese film, now a little more than a century old, it is easy to see that the comic movie has been the most popular genre, probably not only for its humour but also for the way it imparts homely wisdom and for its interesting plots. Time does not permit discussion of the many comic movies produced in China before, during and after World War II. Following the establishment of the People's Republic of China (PRC) in 1949, and before the emergence of the Happy-New-Year genre, many well-received comic movies were also produced, three examples of which are described briefly below: Given the limits of this chapter, there is space only to summarize the plots so as to convey some impression of the nature of these lively films.[2]

Wu duo jin hua 五朵金花 (*Five golden flowers*, 1959)[a] is about a young man of Bai nationality,[b] Ah Peng, who meets a beautiful girl named Jin Hua (Golden Flower) at a local festival. He falls in love with her at first sight, and wants to see

图 392　2013·中国电影的一个"新"现象：贺岁片，p.131

中央戏剧学院欢迎你

中央戏剧学院是我国戏剧艺术的最高学府之一。是一所教学和科研并重的高等院校。为国家培养戏剧、影视专业的表演、导演、舞台美术、戏剧理论和编剧等方面的专门人才。

建院45年来，我院人才辈出：田华、于兰、石维坚、林连昆、方掏芬、郑振瑶、王景晟、史契君、林兆华、王铁成、许忠全、李保田、瞿弦和、丛珊、姜文、徐松子、岳红、吕丽萍、巩俐、陈道明、姜琍、张孚琛、古榕、肖复兴、杨利民、陆星儿、乔雪竹、朱晓平、何冀平等一大批表导演艺术家、舞台美术家、理论家、剧作家深受广大观众喜爱和欢迎。我院的毕业生遍布中央和全国各省市的话剧院（团）、电影厂、电视台、文艺报刊、研究部门及艺术院校。中央戏剧学院被誉为"名星升起的地方"。进入中央戏剧学院学习已成为越来越多青年人的美好理想。无数考生来信来电询问、了解报考条件、报考手续等，在此作一简要介绍。

我院现有表演、导演、舞台美术、戏剧文学四个系。本科设表演、导演、戏剧文学、舞台设计、灯光设计、演出音响设计、服装与化妆设计、文艺编导、影视编辑，文化艺术事业管理十个专业。学制四—五年。专科设：表演、导演、戏剧文学、舞台设计、舞台绘景、舞台技术管理、音响设计、戏剧教育、文化艺术事业管理、文艺编导、节目主持人等十三个专业。还有攻读硕士学位和博士学位的研究生及外国留学生。此外，还招收不同专业的成人脱产大专班（学制二年）。

我院每年面向全国招生。考生年令为表演专业17—22岁，其它专业适当放宽。文化程度为高中毕业或同等学力。学院每年3—4月进行专业考试。考试科目为表演专业：朗诵、声乐、形体、表演等。导演专业：朗诵、表演、文学艺术常识、命题作文、命题编讲故事、小品构思及表演。舞台美术专业：素描、速写、彩画、文艺常识、创作、口试等。戏剧文学专业：散文写作、文艺常识与鉴赏、作品分析、口试等。专业考试通过后，参加全国文化课高考。（成人脱产大专班专业考试通过后，参加全国成人统一考试）。统考成绩达到我院录取分数线后，按专业成绩从高分到低分根据德、智、体全面衡量择优录取。具体报考条件、方法、参见每年的招生简章。考生可于当年一月份向学院招生办公室函购招生简章。每份3元。

学院备有考试参考材料：

1、《试题集》　　　　　　每套6元（含邮资）
2、《舞台影视语言基本技巧》　每本28元（含邮资）
3、《美术专业高考指南》　　每本26元（含邮资）
4、《西欧戏剧史》　　　　　每本15元（含邮资）
5、《二十世纪西欧戏剧》　　每本10元（含邮资）

本　院　地　址： 北京东城区东棉花胡同39号

（104、108路电车兵马司站下车；13路汽车到锣鼓巷下车）

邮　　　　　编： 100710

招生办公室电话： 4040702

图393　中央戏剧学院·介绍

图394 1994·与新疆班学生合影

图395 1994·任课老师与中戏94新疆班合影，第二排右五

推"的精神，愿意把自己的经验、教训与学生分享，在教学相长的过程中发挥自己的余热。现在我还不到"80后"，争取成为"90后"，当我亲眼看到我的学生们和我的学生的学生们在舞台、电影、电视上大放光彩，"青出于蓝而胜于蓝"，一代更比一代强时，我是由衷地高兴，自豪之情溢于言表。（图394-404）

图396　2014.04.07·与学生马梓钧在北京合影

图397　2014.06.13·与著名影视演员学生杜源在山东济南合影

图398　2014.06.1·在济南山东艺术学院观摩2010班毕业演出剧目《伊尔库兹克的故事》并与学生孙德成发表感言

图399　2014.06.14·与学生梁怡在山东济南合影

图 400　2014.06.15·于济南与山东话剧院院长学生李朝友合影

图 401　2014.06.15·在济南与学生孙德成、李朝友等在山东省话剧院合影

图 402　2014.06.16·与山东艺术学院教授学生孙德成在淄博蒲松龄故居合影

图 403　2013·在北京太阳城

許氏资料收藏

图404　2014·在北京昆玉河边

《金光大道》
电影《车水马龙》演员的角色分析
《邻居》

许忠全扮演冯少怀对影片《金光大道》的设想（1974年）

一、时代背景

全国解放以后，伟大的土改运动，使千百年来深受剥削和压迫的农民，第一次做了土地的主人。他们充满了革命的理想和抱负，蕴藏着热情和革命积极性。以毛主席为代表的无产阶级革命路线积极引导农民走"共同富裕"的道路。错误路线干扰破坏毛主席的革命路线，竭力鼓吹"发家致富"，企图把翻身农民再搞回老路上去。

解放了中国广大农村，究竟是搞社会主义还是搞资本主义，是前进还是倒退？本片故事情节是在这样尖锐而又激烈的阶级斗争和路线斗争的背景下展开的。

二、主题思想

影片通过共产党员高大泉在党的正确领导下，在毛主席革命路线指引下，率领芳草地翻身农民坚定不移走"组织起来"的道路，同错误路线代表人物张金发和他支持的形形色色的阶级敌人展开斗争，并争取伟大胜利，雄辩说明"只有社会主义能够救中国"的伟大主题。

三、怎样准确、深刻地体现主题思想

《金光大道》不是一般的农村片，它是农村阶级斗争、路线斗争的历史画卷。通过学理论抓路线，认识主题思想对今天现实有重大意义，以三突出的创作原则，着力刻画好一号英雄人物。为此，要弄清楚以下几方面问题：

1.　分清几组矛盾：

☆ 第一组矛盾：坚决执行毛主席革命路线的代表，坚持走"组织起来"的道路的高大泉同执行错误路线的代表，坚持走"发家致富"道路的张金发的矛盾。

☆ 第二组矛盾：高大泉与漏划富农冯少怀以及暗藏的反革命范克明的矛盾。

☆ 第三组矛盾：高大泉与二林、秦富的矛盾。

☆ 第四组矛盾：高大泉与铁汉、久宽、文庆等的矛盾。

四组矛盾中，高大泉与张金发的斗争是主要矛盾。

2. 搞清楚矛盾冲突的发展层次，准确地掌握人物的思想基调与性格

正反面人物的思想基调——矛盾冲突的起源

★ 高大泉根据毛主席教导和老区的实例，坚定认为走"共同富裕"的道路是芳草地的唯一前进道路，"发家致富"，将使"翻半截身，再翻回去"，因此，他代表翻身户的利益，坚持反对"发家致富"，这就是高大泉的思想基调。

★ 张金发站在富裕中农的立场上，代表着小农经济的利益，认为：穷人在旧社会想发家发不成，现在有了房子，有了地，正是趁水和泥的好机会，因此他积极鼓吹"发家致富"，这是张金发的思想基调。

★ 高大泉与张金发的矛盾，在第二景中初次交锋，摆开了阵势，并且贯穿于全部影片和他们的动作。

〔第一景～二十三景为矛盾冲突的第一个回合〕

★ 第一个回合：

高大泉把翻身农民初步组织起来。煞住了卖套的邪风，回击了张金发的挑战和阶级敌人的阴谋，初步显示了翻身农民组织起来的威力。

体现了高大泉敢于斗争，善于斗争，无私无畏的英雄性格。

这一回合，张金发对高大泉是"明争"。

冯少怀是暗地里和张金发呼应。此张、冯的思想是一脉相通的。但在行动上并没形成勾结。

★ 第二回合〔第二十四景～四十六景〕

高大泉与翻身户的胜利，使张金发不服气，发展成忌恨，从"明争"转向"暗斗"。

朱铁汉撕奖状，铲了字。张金发搬来了王友清，使矛盾复杂化。高大泉在压力面前进行了有理、有利、有节的斗争。他认定了正确的道路，棒打不回头的倔强性格决定了他去找党"非把是非弄清不可"。体现了高大泉敢于坚持真理，在错误路线面前不屈服，不妥协的敢于反潮流的革命精神。此时冯少怀主动向张金发靠拢。

在"挖墙角"一戏中，他的阴谋得到了张金发的默许。由此，张、冯开始在行动上勾结起来。"挖墙角"是——勾结——通了。二林分家激化和深化了高大泉—张金发、冯少怀的矛盾，体现高大泉受党教育启发，思想境界的飞跃和他明察秋毫的英明果断的思想性格。

★ 第三回合〔第四十七景～六十五景〕

高大泉率领互助组在斗争中逐渐发展壮大起来。"发家致富"，彻底垮台，张金发从

忌恨到仇恨高大泉。

此时，张金发与冯少怀已经完全勾结在一起了。范克明也出来活动，他们一起制造"闹贷款"事件，企图孤立互助组，打击高大泉进而搞垮互助组。这是反面的一次联合进攻。

三组矛盾，三个方面，塑造高大泉。

1) 示威铲字发家致富——识破了敌人的阴谋。

2) 说服对"让贷款"有不同意见的朱铁汉、邓久宽。

3) 教育周士勤，发展了互助组。

失败的张金发、冯少怀、范克明，由暗斗到强攻。

冯少怀逼刘祥还粮——沈记粮店，让刘卖地卖房，张金发、冯少怀支持鼓动秦富卖地。

高大泉拦刘祥卖地，发动群众积粮，粉碎阴谋。通过"还粮"——"彩霞河"给张、冯有力回击。

★ 第四回合〔第六十六景～九十六景〕

中央关于"互助合作协议"革命洪流，逼张改头换面，张阳奉阴违，逼死刘万媳妇，几乎害死二林，这些人觉醒了，"发家致富"死路一条，只有"组织起来"才是唯一出路。

九十六景，"清理"——群众对冯少怀、张金发的揭露与批判，把矛盾推向高潮。

高大泉指出：冯少怀走回头路，张金发不要社会主义。斗争并没结束。

翻身农民只有按毛主席指引的"金光大道"走下去，才是唯一的出路。点出了主题。影片任务结束。

与导演协商，要求与希望各部门配合"少怀"的人物创造。

摄影和照明：

金光大道——要明亮、宽广，影调和用光要清晰、明快，色彩要丰富真实，春、夏季要突出绿色。处理环境要注意明暗对比，层次起伏和气氛统一，要讲究光源和构图。

美术部门：

〔服、化、道〕要有时代感，既不超脱历史真实又不要拘泥于历史真实，要有准确的设想。环境设计要从具体人物出发，要有气氛，每场要有鲜明变化和特点，尽量提供能更多的拍摄角度。

四节奏：

节奏是全部影片的脉搏，这个问题要引起各部门的充分注意和重视，处理每一环节时都要统一在整体的节奏中去。

冯少怀人物小传	内外部特点、感觉、侧面
冯少怀，51岁，块头不小。25岁正当年，光杆一个，从山东逃荒到芳草地，父亲是挑八根绳的，有一套以小赚大，以少换多，坑、蒙、拐、骗的本领。冯少怀，小时候就会犯坏和别人一块玩，就学爸爸一套，总会占便宜，他听说关东、河北有肥肉吃，当时家乡晏州又遭旱灾，他就只身来此。来时拳头里攥着两把指甲，他是一个敢冒险的贼大胆，敢大包大揽，地主100亩地租下后，剥削短工，克扣亲戚，不久就有一套院子，成了富家的生活水平。 他每顿饭必有酒，经常吃酱肉，塞牙后有爱剔牙的习惯。剔牙的同时琢磨事，琢磨人。 他小事不计较，小的搂不干，在他眼睛能看到的地方，在他视线能及的地方，一定极力发现新机会，找契机，像饿狼一样咬住一块肥肉就不放，非弄到手不可。他能言善辩，把黑变成白，舌头上有功夫。王友清、谷新民都不是他的个儿。	组织起来 ⟷ 发家致富 前进 革命 ⟷ 倒退 复辟 高大泉、朱铁汉… ⟷ 张金发、冯少怀… 一九五一年，……农民土改后，翻身的喜悦，被剥削、被压迫的农民对生活充满希望…… 冯担着惊慌过了第一年 忍着怨恨过了第二年 发家致富 → 摸到了共产党、政府的底，打翻身仗的好时机 买骡子是示威 → 火力侦察，试探新政府的真假虚实，看看翻身户，积极分子能不能允许他东山再起。 必须在金钱财富上压过一切人而不能被别人压着，政治上 → 倒了，在张金发的保护下，试着往前走，对了，就大干一场。错了，再找谷县长、王书记。 发家致富，就是咱的金光大道！

冲突、营垒	性　质
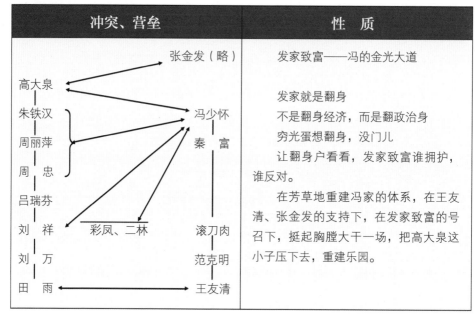	发家致富——冯的金光大道 发家就是翻身 不是翻身经济，而是翻政治身 穷光蛋想翻身，没门儿 　让翻身户看看，发家致富谁拥护，谁反对。 　在芳草地重建冯家的体系，在王友清、张金发的支持下，在发家致富的号召下，挺起胸膛大干一场，把高大泉这小子压下去，重建乐园。

冲突、营垒栏内：
张金发（略）
高大泉
朱铁汉
周丽萍
周　忠　→　冯少怀　秦　富
吕瑞芬
刘　祥　彩凤、二林　滚刀肉
刘　万　范克明
田　雨　←→　王友清

镜头		二景，高台阶前，外日，初春	分析、处理、侧面
1	全景	翻身农民，满心欢喜，天门区召开了一次特别引人动心的村干部联席会，区委书记王友清亲自布置生产，号召"发家致富"。消息立刻传到芳草地，人人议论。	"火力侦察"，跳出来买大骡子，敢示威，就是想试试"发家致富"新政策的真假虚实，金发虽然透了信儿，要发家生产、致富，心里有底但还想看看那些积极分子和翻身户，能否按下划他富农的心气，容许他按新政策发家致富。他抢先登台——开始报复，在政治上打个漂亮的"翻身仗"。
	全身	三天后，在高台阶前，滚刀肉等人在晒太阳，聊天。腰间束着一条蓝色搭布，撩起皮袍前襟。又自得，有胆识，神气十足。	心花怒放，手舞足蹈，摇头晃脑。
		1."闪开点！闪开点！踩着我可不管呐！"秦富：小声问：少怀，买的？	抓住秦富对象，借机宣传，摸探，小题大做，眼睛观察"翻身户"，拍拍骡背，扶扶鬃毛的手势表现内心的喜悦。
		2.喜洋洋、美滋滋，"响应发家致富的号召嘛！"	我消息灵通，醉喜一般地说出让我——当个典型哪！多么谦虚啊！
		3."村长说了，一会儿要开会贯彻，还让我当一个典型哪！"	高傲、看不起、挑动地
		4.瞥了秦富一眼"我说秦富，还留着钱下崽呀？"秦富："我，咳，我哪有哇！"	这小子，跟我还说瞎话，他妈的。
		5."你是怕露富，再来第二次土改呀？"	揭底，胆小鬼，第二次土改——没门了。

许忠全扮演冯少怀在影片《金光大道》中的镜头分析

	场景	页	场景名	季	时	服装	第一句台词（同演者）		自我感觉侧面	内外景（镜头）
第一章	二景	3	高台阶示威	初春	日	兰坎肩、灰衣、带棕裤带	"闪开点！闪开点！踩着我可不管！"	富、滚	发家致富洋洋得意	外3
	五景	9	冯少怀阴谋	春	日	同上	"哼，车到山前必有路"	紫、林、彩	气 意外发现	外4
	十景	17	秦富二门前煽动	春	日	同上	"刘祥这事儿，是刚送个信儿"	富	聊天、启发、煽	外2
	二十一景	35	卖给谁呢？	春	夜		"唉！高大泉算把咱……"	紫	咬牙齿想主意	内1
第二章	二十五景	44	高台阶前铲字	夏	日	灰单衣、园汗衫、单裤	"秦富，别留钱下崴了，赶紧拴车发呀"	张、富	欢欣鼓舞	外2
	场景	页	场景名	季	时	服装	第一句台词（同演者）		自我感觉侧面	内外景（镜头）
	三十六景	66	挖墙角摸底	夏	日	同上	"村长，干啥哪？"	张	试探、突兴奋	外4

	四十八景	85	互助组添了翅膀	夏	夜	同上	"村长，歇着呐?"	张、秀花	摸 不甘失败	内3
第三章	五十景	87	闹贷款 爬墙头 看戏	夏	日	同上	"好戏，看他高大泉怎么……"	紫	暖水瓶 阴笑	外2
	五十四景	102	卖车 看热闹 受启发	夏	日	同上	"哼"	富	好，就这么办!	外2
	五十七景	108	沈记粮店 威胁	夏	日	同上 (兰上衣)	"不借……刘祥要借粮食呀"	祥	狠横 阴坏笑	内7
	六十五景	131	彩霞河边 赶车	夏	日	同上 (兰上衣)	"吁——""哎呀刘祥你这是……"	祥泉	正人君子 讲道理	外11
	场景	页	场景名	季	时	服装	第一句台词（同演者）		自我感觉 侧面	内外景 （镜头）

	场景	页	场景名	季	时	服装	第一句台词（同演者）		自我感觉 侧面	内外景 （镜头）
第四章	六十九景	141	文庆分家你回来	夏	日	同上 (灰夹衣)	"怎么啦""哎别背后骂人哪"	富	积极 热情	外1
	八十二景	168	大车陷在泥水里	夏	夜	同上 (兰上衣)	"二林，快点""你到后边推去"	林	慌乱 快	外2
	九十六景	177	高台阶清理反抗	夏	日	同上	"快点啊……""出车"	彩张	前紧后松	外14
	合计	108	第一章　四场戏 第二章　二场戏 第三章　五场戏 第四章　三场戏		共	十四场戏	外景11场 棚拍3场		镜头	外景47个 内11个 共58个

镜头	镜头	二景，高台阶前，外日，初春	分析、处理、侧面	
2	全身	滚刀肉：……又是骡子，又是猪……，我可到你那儿……	第二次抓住金发对象，借机翻身	摸、探
		6．这要看怎么讲啦。那些变着法儿想把我提拔成富农的人，要使牲口哇，对不起，没门	就是示威，"翻身户"你们有能耐来吧，咱吃软不吃硬，老老实实让咱们发家没事，我是讲义气的人，好——咱们宽宏大量，坏，咱毫不客气。	
		用手拍拍滚刀肉胸脯，"要论咱们乡亲，哥们——行啊！"		
		冯少怀一愣（周忠，你不满意怎么的？）		<0
		朱："冯少怀！你说，是不是这个意思！"	这些人商量好了是怎么的？要干什么？	<0
4	近	7．"这，""你这是扯哪去了？！"	努力争取，大模大样地反驳	<0 中
		张金发：哎哎哎，怎么回事？	假委屈，挑唆张金发上火，当场告他们的状	<0 中
		8．"村长，我响应发家的号召，还响应错了？！"	这个小子不值一理，混蛋一个	
		朱：你明明就是想整翻身户！		
		9．"好！不让咱发家，咱不发！""哼"，走！	委屈似的，看着张金发，进一步挑火	

镜头	镜头	二景，高台阶前，外日，初春	分析、处理、侧面	
2 4	近拉中 中 中变全 中	骡毛，刷毛，紫茄子："唉，高大泉这一闹，咱们的套还给谁去呀？" 冯从骡头起来进画面，"哼" "车到山前必有路！"拉骡子走 拉骡子进来，井台上发现彩凤与二林 "哎！" 压低声音说："二林跟你堂妹子，对上象了！" 紫："真的？" 喜从天降："嗯，二林可是个好车把式呀！" 井台一看："来了！"	二场吃了歪脖子，张金发挨训"走共同富裕道路"有点不知所措，但相信，张金发也不是好惹的，怎么想法儿，把局面扭过来？有信心！使劲一刷，"哼"。天无绝人之路，甭着急，有办法，小菜 嗯……好，仔细看，好机会，有门儿！ 骡子手下来，全神贯注，盯住彩凤 （一直盯着彩凤进大门） 神秘招呼，紫茄子，快来！ 发现新大陆的心情 柳暗花明又一村 自言自语，计上心来 目送彩凤，边看边琢磨	刷子的手用劲刷"哼" 多么喜出望外高兴呀

页	场景	内外景	时间	地点	同演员	第一句台词（侧面）	镜头	特点	数
6	三	外	日	秦富大门外	秦富、文庆、大泉	偷听秦父子说大泉水挖渠，偷听决定	中近		2
50	三十二	外	日	粮市	金发	"先到沈记粮店"神、诡、碰碰金发左右看	中	1	
126	六十六	外	夜	村口	范克明、吕春河	"哎哟，范大哥呀！"悲哀、难过	中全近		4
70	二十九	外	日	乡间大道	李财老伙计	赶车、中景时"到了"，向村口奔去	全中全		2
25	二十九	外	日	高台阶	张金发、秦富	"这日子没法过了"张、冯狡黠一笑	全中近		1
74	三十一	外	日	高台阶	二林、高大泉	这次换粮，绝不让乡亲们吃亏，集市上是两半斗麦子	全中近		6
148	七十三	外	日	高台阶	群众	"我，我可不是富农啊！"反扑、低悲	中		1
10	五	内	夜	金发家		"唉，金发！高大泉这一挖渠，把人心……"	中近		4
16	七	内	日	秦富家	文庆、秦富	假劝架，"哎哎，这是怎么啦"	爱		3
32	十三	内	夜	金发家	金发、范	"金发呀，金发，我看你又走了一臭棋"	近		3
50	二十三	内	日	沈粮内外	金发、沈	"好哇！共产党要闹粮荒了！"			4
54	二十四			粮店后院	"金发……""扛麦子！"	"金发""扛麦子！"文吉、金发、沈			
76	三十二	内	黄	金发家	金发、秀花	"不好啦，高大泉派他的两员大将，到……"			2
78	三十三	内	视	周、朱、金、群众	办公室	"哟，二位那么忙，还有功夫来串串？"			7

页	场景	内外景	时间	地点	同演员	第一句台词（侧面）	镜头	特点	数
87	三十九	内	雨	粮店	沈	下棋，"是啊，这雨才下了十几天，饿……"			2
95	四十八	内	夜雨	金发家	金发	举杯，"沈掌柜的意见是……"			1
99	五十一	内	夜雨	金发、茄子	冯家、灰上、布背心	你们想想，东北的粮食要是真运到了……	中		3
132	六十九	内	夜	沈、张、范	冯家深兰单白挂带兰	"这统购统销的命令，就跟去年取消……"			3
138	七十二	内	日		黑棉下深上浅咖啡兰带	"我还是哪句话，五百斤！"			10
								共	53

角色分析　245

许忠全扮演马大车对影片《车水马龙》的设想（1980 年）

马大车人物小传		关　系
1930 年生人，1944 年 14 岁开始拉短掌鞭	今年五十岁，大粗嗓门，大高个儿，膀大腰圆，腰直挺挺的，身板像扛大个儿的，二百斤的麻袋"白给"，说话瓮声瓮气，心直口快，外表看像个摔跤手，由于爱好唱京剧，特别喜爱架子花，因此，平时走路也有点四方步。 　　眼睛：由于一天两趟北京城，城里城外十二年，他见多识广，因此有一双阅历深广的眼睛，通过眼睛，看他的内心独白，不时流露出傲慢自恃的神色，个人英雄主义使他不太好动眼睛，而使他的眼睛向上，不可一视。 　　感觉：对农村人，当然没有马大车见得多，懂得多，因而别人和他一比显得没有马大车机灵，比别人当然马大车要高一头。	马大车——中心 李大车　张大车　王大车 潘铁腿　赵大妈　张大伯　七婶子　小潘 艾京华　二妹子　小刘　吴队长　菜花　菜花娘　马骆驼　刘书记

对城里的人，也一样，比如城里人看见大车，管骡子叫马，管马叫骡子的时候，城里人这样"露怯"，马大车总是投过"骂人傻蛋"的眼光，当有人看见骡子肚子大说："看，要下马驹了！"他便不耐烦地轰走别人"去！去！玩去！"马大车有傲气，甚至盛气凌人。

马大车喝酒，严寒的北京，风雪的北京，使马大车养成喝酒的习惯，朋友之间的聚会也喝酒，酒量很大，一喝就是三四两，半斤，酒后的紫脸膛，络腮胡子，显得更加挺拔英俊。

马大车生在旗人的环境里，从礼貌上有长尊幼卑，从穿着上干净利索，潇洒大度，对老人孝顺，依从。

对大车，特别喜爱大车，一出车他的大车就是与众不同，本来枣红马很漂亮，但他还不懒，每次出车，事先总要刷刷牲口，他爱牲口，就像爱他的孩子，他手里的鞭杆子，跟武器一样。红樱常红，鞭梢永长。大车轮没泥，黑又亮。

装车漂亮，卸车讲究，和城里菜站关系很好，是别的车把式所不及，进入菜市场之前，总要在水屋子洒洒水。

大车能拉两千多斤，爬坡过坎"哦，喝，吁"整天跟牲口打交道养成了粗声粗气，别人听来像吵架，实际他们车把式在闲谈。豪爽大方。

在旧社会，经常受阔人们的欺负，挨警察的打，因此城里有个知音朋友，那是很可贵的，因此，他很珍惜与潘铁腿、张大哥、赵大嫂、七嫂子的友谊，甚至比哥们还亲。

四大金刚里边的拔尖儿的大炮筒子。

小时候跟爸爸常常进出北京城，爸爸在城里有许多世交，从小马大车就熟悉，轮到马大车这辈就更熟悉，他们更亲近，这是其他王、张、李大车所不及。

| 人物关系 | 哥们义气很浓，马大车为哥们两肋插刀。
马三辈是他花大功夫培养的一个接班人，让他当兵，回来也是一个红色的车把式。汽车班也听骑兵班长的。女儿是他看大的，三辈是命根儿，把希望放在传代的三辈身上，菜花是他起的名字，他疼爱她，将来出嫁也嫁给车把式。
　　和菜花娘是恩爱夫妻，由于夫权思想也养成老伴逆来顺受，她是马大车的后勤部长。
　　对马骆驼的尊敬是马大车通情达理、尊老爱幼的突出表现，他绝对服从爸爸，疼爱爸爸。 | 人物基调
　　傲——见识广，有能耐，总比别人高明点儿
　　倔——见不平就上，不爱理的就倔
　　粗——不拐弯，炮筒子
　　灵——利索
　　久经风霜，傲慢自特，哥们儿义气，从没栽过跟头，来往城乡之间，在城里人面前他有瓜果蔬菜，在乡下人面前他是城里人，见多识广，日用百货随手送到农民手中。 |

许忠全扮演马大车在影片《车水马龙》中的镜头分析

镜号	画面	内　　容	
2	特全大	一双洒鞋，晃悠着，啃着"心里美"萝卜	悠哉，轻松，哼着腔
3	近一全	①对着大车，还不靠边让一让！马大车无奈，斗鞭轰了一下。②嘀咕着："你懂个啥？这叫大马路，马路就是给马车走的"	无奈，无所谓的
4		"男不男，女不女的，德性！"抖鞭	傲，不示弱地，内心恶心地
5	大全	歌声：～驾车，朝镜头奔来	
6		歌声：～驾车，背镜入画	
38	全中全	喝两口烧酒，躺下……	出车回来，疲劳，困了
54	全一中	"这个不行，这是你哥的新房！"	脸色一沉，不满意地内心独白"胡闹"
55	近一全	"您老爷子的主意，那没错儿，没错！"往北屋走	

56	近	亮相	看小妞儿，一家之主，大丈夫，一傲
58	近	笑笑——副傲慢的神气，没往里走	审视
62	近一中	"歇着吧！改天再谈。"	客气
65	特一中	什么？不准马进城，原来这个小妞就是工作组，请他搬走！不能让她在我家里，来砸我的饭碗儿！（菜花娘）听见才好！让他去打听打听，自打北京城建都以来……古今中外谁能不吃菜？你们信不信？那些……	听女儿介绍是不让马车进城，这是晴天霹雳，丢饭碗，没门儿
66	近一中	给北京饭店外国人办的什么宴会，说不定就是我马……	
67	中一近	胡诌！不出门的老娘们懂什么？你知道北京城是哪年建的吗？	
69	中	"嗨，嗨，你听着，明朝，是燕王建都北京城"	大吹，特吹
72	近一中	"没大没小！"	
73	全	"是，爸爸！"	
81	全近	桃树下抽烟	
83	中全	赶车向左看	
86	中	提这个问题	
88	中近	听来听去听不懂……	
90	中近	不让马车进城……	
94	近中	得了，得了！你就干脆……	
97	全	赶车	
101	近	扔西红柿	
102	全中	拉二妹子筐沿吃西红柿	
104	中近	瞪二妹子	
108	近中	吴队长……都几点钟了，放着正经活……	
109	大全	赶车	

115	全中	捂肚子向吴队长走	
117	全中	别装了，全怪我馋嘴	
118	全	捂肚子走	
120	全中	捂肚子回四合院	
122	近全	看上锁变喜	
124	近中	嘴含体温表装病	内
127	近	少打听，这装病……	内
129	全中	我从十八岁就掌鞭	内
132	中全	马大车听李玉议论	内
133	中	够了！别絮叨啦……	
134	中近	马大车沉思	
135	中	往潘手里一塞	
136	全	马大车驾车赵大妈拥了上去	
137	中全	马大车大口吃饺子	
138	中	马大车一动不动躺着	
140	中	扔瓜	
141	近	笑	
142	近	扔瓜	
148	近中	咱们哥们，可都是二三十年	
149	中	大串连早就不时兴了	
150	中近	马大车搬给爹坐	
151	中	您又讲这些老古董……	
153	中	你是中了小马办的毒了！	
154	近全	唉，西厢房住进来一个小马办	
156	中全	我是带病劳动	
158	全中	四目相对	
161	近	马大车听血压高，打主意	
165	全中	甭着急	
166A	近	今儿个城里	
166	全	吴队长	

许忠全扮演喜凤年对影片《邻居》的设想（1981 年）

喜凤年人物小传

喜凤年，现年 42 岁，"文化大革命"当劳改队长时是 27 岁。年轻时是个刺儿头，"嘎咋子"，别人既喜欢他又怕他，原因是他肯帮助别人，不惜力，给别人垒个墙什么的，可以从早干到晚，不计报酬，热心肠，讲哥们，重义气。但是不管干什么都得听他的，不顺心就撂挑子。这个人不爱念书，十几岁就干杂活儿，在铁匠铺干过零活儿，焊过洋铁壶。解放后托人到建工学院当上水暖工，一干就是十几年，工作之便使他可以进出院长和各系的办公室，对学院的干部、教师都比较了解，经常见面聊天儿。学院盖第一批住宅楼时，他以老职工身份，又与行政科原来的科长熟悉，搞到一间筒子楼住房，两口子过得还不错，媳妇是纸盒厂工人，1976 年因生了儿子胖娃，给姥姥接来照顾孩子，住房因此紧张，自己想办法搭了两个双层床。

"文革"时组织红卫兵，因他父亲是拉洋车出身，喜凤年属于受到信任的红五类，是红卫兵造反派的依靠对象。因为他有刺儿头、"嘎咋子"的性格特点，敢打敢冲，被委以重任，担当学院劳改队长。出身于城市贫民，他从小唱着"没有共产党就没有新中国"等革命歌曲，自然对那些出身不好、有海外关系的"反动学术权威"有敌我观念的警惕性。但经常接触"黑帮分子"后，他知道了像刘力行等原党委领导有着出生入死干革命的经历，对"黑帮"们产生同情心，他态度上的转变被红卫兵察觉，最后以给刘力行等传递消息为罪名，定他有通风报信罪，被红卫兵小将罚进劳改队。由于他刺儿头，穷横，又罪加一等，不许回家，跟那些"黑帮"一块儿唱"牛鬼蛇神"（鬼哭狼嚎）歌。粉碎四人帮以后，他和刘力行等建立了"牛棚"共患难的感情，大家对喜队长也很感谢和尊重。喜凤年直爽、热情、冲动，也有很深的小市民烙印。他知道平装烟没有过滤嘴档次高，懂得人情世故。

许忠全扮演喜凤年在影片《邻居》中的镜头分析

—《邻居》— 青年电影制片厂 81.5.20 6月3日杭州外景

		一场		1
18	6 近	门口儿挤出喜凤年，胖娃娃，父子尴尬相视。		2
25	13 中全	"胖娃过来！嗨，这楼道也太窄了！"……"看美的你，猴年的事啦，咱们呀，就盼着有间公共厨房"大伙别挤着做饭，就不错了。		
		三场		
30	1 近	神了，刚说到房子，房管科长就来了……	猛起，头撞在双层床板上	3
32	3 近	正摸脑门的喜凤年转而乐了		4
		六场		
36	1 中	"哎，吴科长！"进来尝几个饺子！		5
		十二场		
51	4 中	凡事得有个先后，落实……		6
		十五场		
64	6 全	"找来帮忙"		7
		十六场		
65	1 中全	走出刘家		8
		十八场		
78	全一中	喜凤年破门而出		9
		二十二场		
86	1 近	打电话		10
		二十九场		
119	1 全	量墙皮（钢卷尺）		11
		三十一场		
122	1 特笔	小冯，你这		12
123	2 中	咱再坚持一年……		13
130	1 中	你先别急		14
131	2 近	反正不是阴谋……		15
		三十六场		
132	1 近	我等他一会		16

134	3 中	不自在……"你在开会"		17
135	4 中	刚要张嘴		18
137	6 近	抽烟		19
		三十七场		
139	1 全中	不，不！从里边来这过滤嘴的		20
		三十八场		
140	1 近中	嗨，现官不如现管		21
141	2 中	我都了解过了，还不是你吴科长一句话		22
		三十九场		
142	1 中	下水冲不冲？		23
		四十场		
143	1 近	"你懂什么，这种事，就跟谈恋爱一样，眉来眼去，心里就清楚了。不用挑明！"		24
		四十二场		
146	1 中	站沟下		25
		四十四场		
151	1 全	大军——败兵		26
153	3 中	什么？好小子！走		27
		四十五场		
154	1 中	等一等，谁让你们往这搬了的？		28
155	2 近	不行……		29
157	4 中	"往里搬"		28
159	6 近	知识分子都闪开		29
162	9 近	都说了……		30
165	12 近	认罚……		31
170	17 特	挽袖又上		32
		四十八场		
183	2 近	呸！		33
184	3 中	生气		34
186	5 近	别来这套……		35
188	7 近	呆住了		36
		四十九场		

190	2 近	发愣		37
191	3 中	肥皂下巴		38
192	4 近	镜子里，苦相		39
		五十二场		
218	4 全	每家准备两个菜		40
		五十七场		
144	2 近	介绍		41
		六十场		
149	1 中	大夫，病		42
250	2 近	贴心人		43
		六十四场		
274	1 近	老刘……		44
		六十七场		
283	1 近	看图纸		45
		七十一场		
297	1 全近	点头		46
299	3 近	刚要说		47
		七十三场		
306	2 全	推车追上		48
308	2 全	穿		49
		八十一场		
346	中 3 全	猛推门——谁		50
347	4 中	愣住了		51
		九十四场		
412	8 全	送点心		52
414	10 中	癌——愣		53
		九十六场		
418	1 全	开张，欢迎		54
422	5 近	大家坐下听		55
425	8 近	愿意队长不磕脑袋		56

南 京 外 景

华东水利学院	37	小卖部	1	"不，不，我说，里边来盒过滤嘴的。"东张西望，笑着
校医病房	65	通院子大窗外	4	让刘力行快点去市委与冯卫东一起贴袁等大字报
校医走廊	64		1	老刘！冯卫东他们要去市委去贴大字报，我，我也想去，你看合适吗？
南艺	36	朝走廊走来，向女秘书	1	"袁书记不在！"（你有什么事，开会！）我等他一会儿
		扔烟灰，不自在	3	卷烟灰纸筒，弹灰，（喜队长找我），你在开会？
		喜刚要说话	4	插进一个青年
		喜靠窗台抽烟	6	听袁说话（你看），你忙吧
		同志你有什么事	7	事也不大，不用麻烦了

杭州外景

地点	场	杭州外景	共五个镜头	
浙江	12	袁亦方家新居	镜2	房门推开，吴科长引众人进室内，众感叹一番，又分散进入各室
		厨房	4	蹲地，查水管，看地漏
				1. "嘿！凡事总有个先后，落实干部政策嘛，"国家说的！"这些年你们也太受委屈了。
				2. "嘿，别说这话呀！老袁"
			7	看景色
浙江医院	94	草坪路上	8	点心盒，与嫂、吴，笑走，实停
			10	"他是癌！"中魔一样站定了！惊愕！

我眼中的父亲

我想自己对父亲的感情就像我喜欢的一首歌一样，那是《绿叶对根的情意》：

不要问我到哪里去，我的心依着你，

不要问我到哪里去，我的情牵着你，

我是你的一片绿叶，我的根在你的土地，

春风中我告别了你，今天这方明天那里。

不要问我到哪里去，我的心依着你，

不要问我到哪里去，我的情牵着你，

无论我停在哪片云彩，我的眼总是投向你，

如果我在风中歌唱，那歌声也是为着你，

不要问我到哪里去，我的路上充满回忆，

请你祝福我，我也祝福你，

这是绿叶对根的情意。

我想父亲就是我的根，在他的养育下，我和弟弟才能无忧无虑地顺利长大成人。50多年的时间真是弹指一挥间，父亲对我们的关爱却历历在目。记得小时候我和比自己小两岁半的弟弟总是爱打闹、追逐，不知是为了吸引父母的关注，还是以老大自居，不懂忍让瘦弱的弟弟，每当这时母亲总是庇护弟弟而责怪我这个姐姐不像话，我认为妈妈偏心不爱我，委屈时眼泪汪汪。爸爸事后把我和弟弟叫到身边，教我们背诵一首古诗："煮豆燃豆萁，豆在釜中泣，本是同根生，相煎何太急。"他告诉我们这是三国时期曹操的三儿子曹丕所作的七步诗，意思是亲兄弟本是一奶同胞，不应互相残杀。他讲得绘声绘色，加上动情的表演，让我和弟弟破涕为笑，从此相亲相爱，我更觉得作为姐姐有保护和照顾弟弟的责任了。因为我是父母婚后生育的第一个孩子，营养充足，什么都能吃，从不挑食，也很少生病。父亲没有像其他传统男人那样固守男尊女卑而重男轻女，相反，从他怀抱我的照片就可以看出他是多么欢欣，幸福开怀，笑得合不拢嘴了。（图405）母亲虽然因父亲在重庆参加毕业巡回演出独自经历了痛苦、漫长的分娩过程，但看到生着浓密黑发、红润皮肤的

許氏资料收藏

图 405　1960·父亲怀抱两个月的许颖

許氏资料收藏

图406　1960·母亲怀抱半岁的女儿许颖

健康女儿，她的母爱战胜了一切。（图406）因此，我的名字差点儿就成"庆庆"了。两年半以后，我有了弟弟，父母是"一儿一女一枝花"，儿女双全了。弟弟生于1962年，妈妈在三年自然灾害中营养不良，导致弟弟先天不足，他出生后，妈妈没有奶水喂养，他总是饿得哭闹，经常生病，这也是妈妈觉得亏待他，一直加倍呵护他和补偿他的原因。（图407）后来，爸妈告诉我，1959年底我出生后，妈妈还在宁夏支援少数民族教育工作，在银川第四小学当老师，把我喂养到半岁，她就不得不离开北京回银川复职了，我是奶奶、四奶奶和姥姥带大的，大伯家的四女儿许崇君比我早出生三个月，奶奶把她的那份牛奶和

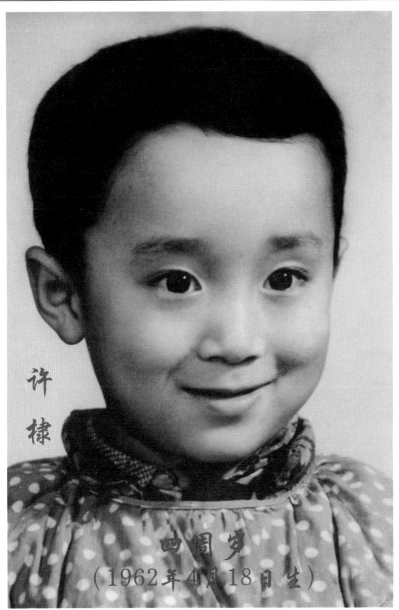

许棣

四周岁

（1962年4月18日生）

图 407　1966・弟弟许棣四岁照

白糖都喂养了我，因为我妈妈不在身边，可怜四姐在她妈妈奶水不够时只能吃面糊糊。（图408）爸爸那时刚毕业留在中央戏剧学院表演系当助教，他每天中午午饭休息一小时，都要骑自行车往返牛街教子胡同和东城区东棉花胡同，就为看看女儿，四奶奶每天中午抱我到教子胡同口等爸爸，他自己省吃俭用也要给我买糖果或冰棍儿，可见他舐犊情深。

从我记事的时候起，就觉得父亲特别伟大，特别喜欢孩子，对我们十分疼爱，对邻居家的孩子也和蔼可亲，经常把孩子们聚到一起，教我们说绕口令、猜谜语、捉蜻蜓，还为我们喂养过很多小动物，如小鸡、小鸭、小鸟、金鱼、松鼠、兔子，等等，后来因为城里不准养鸡鸭了，父亲不得不把下蛋的母鸡送到郊外，因为他不忍心杀掉我们的宠物，我还为失去可爱的公鸡和母鸡哭得像个泪人一样。父亲还亲自带我和弟弟到离家不远的什刹海学游泳，他一招一式地教我们，从把头埋下水去憋气，到"收腿、蹬腿、夹水"的蛙泳和仰泳，他不仅示范，还下水作保护，我们很快就学会了。没有钱买塑料游泳圈，父亲总能想出办法，他不知到哪里买了一个汽车内胎，他费力地吹好放到水里，我和弟弟可乐坏了，都特别喜欢那个像橡皮艇一样的游泳圈，争着抢着躺在上面享受一番。父亲像个孩子王，走到哪里，哪里就有欢声笑语。我特别爱看父亲和叔叔阿姨们演戏，经常跟他到后台观摩，或观看他们的彩排。有时候妈妈忙不过来，就让我去给排戏的父亲送晚饭。记得有一次父亲他们演出一部支持非洲人民反对美帝国主义侵略的话剧《五洲风雷》，父亲饰演非洲黑人大叔，我长到七八岁还没见过黑人，更对父亲变成黑人难以置信，我兴冲冲地端着饭盒跑到后台找爸爸，眼见几个黑人出来了，吓得我扭头就跑，爸爸只好喊我的名字："许颖！我是爸爸，你不用害怕，这是化妆。"这次的经历使我久久难忘，由此知道演员可以通过化妆扮演不同肤色的各色人物。

父亲的艺术天赋极高，模仿能力极强。我经常听他讲他的苦难童年，他小时候家里很穷，经常挨饿，饿得蜷缩在炕上，落下一挨饿就头疼的毛病。他上小学没有像样的新书包，是奶奶给他一块包袱皮包裹书本，没有新铅笔盒，都是用有钱人家孩子扔掉的铅笔头儿，跟别的同学借课本用，借着路灯写作业，还要帮家里干活儿，磨面、筛面、炸丸子、颠元宵，等等，但他十分要强，功课在班里从不落后。他穿的鞋经常露着脚趾头，冬天就一件棉衣，没穿过衬衣、衬裤。他喜欢唱歌和朗诵，家里没条件，他就到街上店铺门外听音乐、听广播，就这样，他在小学曾经领唱，在中学朗诵成为老师的得意门生，不仅在自己班里朗诵，老师还带着他到其他班级做示范朗诵。他在学校表现出的聪明才智得到老师的喜爱，本来他的理科成绩很好，高中决定放弃理科考中央戏剧学院时，化学老师极为失望和生气呢。因为父亲在高中时是文体骨干，与同样爱好文艺又从小青梅竹马的母亲走到一起，母亲还教给父亲和同学们跳藏族舞蹈，他们经常一起搞文娱活动：看电影、听音乐会、唱歌、

图 408　1960·父亲怀抱两个月的堂姐许崇君（左）和许颖（右）

跳舞、看话剧，爱的种子就这样萌芽了。1958 年 8 月 17 日，父母在宁夏银川幸福地结合，以后接连把我和弟弟带到了这个世界。他考中戏完全靠自己的天分和努力，家里父母祖辈都是文盲，兄弟姐妹也没有受过高等教育，他走上艺术道路的艰辛可想而知。据父亲说，他当年考试还是有苏联专家当考官的，要经过几试，不仅考朗诵、唱歌、形体和表演，还要听一段音乐后即兴表演小品，父亲曾绘声绘色地给我们讲述当他听到那段由欢快转慢，后突然停顿，又复欢快的音乐曲调后，他想象着自己是个放学回家路上的小学生，一路随音乐的节奏欢快地走在乡间小路上，突然他发现路边草丛中一只小蚂蚱，他不由自主地慢下来，在音乐停顿的一刹那，他扑到草丛中捉到了小蚂蚱，当音乐回复到欢快的曲调时，他把玩着那只小蚂蚱，可惜在音乐停顿的瞬间，小蚂蚱也飞跑了，如此的即兴表演堪称完美。就这样，父亲过五关斩六将，满怀信心，顺利考取了中央戏剧学院表演系。虽然是地道的北京人，父亲却极具语言模仿能力，他能说不少地方的方言，他也因工作关系几乎遍游祖国大地，除了西藏和港、澳、台没有去过，各大省市几乎都到过，也因此学会了很多方言、俚语，结交了全国各地的朋友，走到哪里都有欢笑相随。特别是晚年，父亲更爱和朋友用

家乡话聊天，遇到河南朋友，他是河南老乡；遇到山东朋友，他是山东老乡；遇到河北朋友，他是河北老乡；遇到山西或陕西的朋友，他是山西或陕西老乡；遇到甘肃朋友，他是甘肃老乡；遇到新疆或内蒙的朋友，他又是新疆或内蒙的老乡……，他还会唱各地的流行民歌，经常像考试一样测试"老乡"是否会唱家乡民歌，并自告奋勇地给"老乡"朋友们动情地唱起当地的民歌，往往令听众朋友们发出会心地笑声和掌声。

父亲是一个非常重感情的人，他为了家庭和亲人牺牲了很多。记得小时候经常看到父亲推着自行车带母亲上医院看病，因为营养不良，本来瘦弱的母亲时常犯头疼、呕吐等植物神经紊乱疾病，全家定量的鸡蛋、白糖等营养品全都给母亲和两个孩子了，父亲总是吃饭紧着我们，他最后吃剩下的饭菜。少不更事的我竟以为那是父亲的最爱，记得一次寒假去青海西宁的三舅家过年，舅妈在准备礼物为我送行时问起："你爸爸爱吃什么？"我不假思索地回答："我爸最爱吃剩饭。"舅妈被逗笑了，说："傻孩子，世上哪有爱吃剩饭的人呀，那是你爸爸把好吃的都先让给你们了。"我这才恍然大悟，体会到父亲对我们深切的爱。在我们成长期间，父亲经常出差，每次演出归来，他总是想方设法给我们带回好吃的特产，自己却舍不得尝一口。从内蒙带回特制的奶豆腐；从新疆招生回来，父亲给我们带回碧绿、香甜的葡萄；从广东回来，带回新鲜的荔枝……，当母亲和我们分享这些特产时，父亲在一边看我们吃得那么开心，他特别心满意足，我让父亲也一起尝尝，他总是说自己早吃过了，都吃腻了，不想再吃了。天真的我们竟信以为真了，其实他自己一口都没舍得吃啊！他就是这样委屈自己，把爱都给了我们。因为我们成长在"文化大革命"期间，物质比较匮乏，父母很少添置衣服，但每到新年都要给我和弟弟增置新衣、新鞋，就这样也时常穿带补丁的衣裤，常见母亲在灯下缝补，我们穿的毛衣都是母亲一针一线亲手编织的，父亲在家则更多时间穿三娘儿（姑姑）和老伯（叔叔）的工作服。直到我1979年上大学后，每月有了14元的助学金，曾听父亲和母亲商量过："许颖是个大姑娘了，别再让她穿带补丁的衣服了"，那时他们自己还没有完全"脱贫"呢。1970年代初，学生中学毕业都得上山下乡，去农村接受贫下中农再教育，为了给我们培养一些爱好，在我和弟弟上小学时，根据当时的经济条件，为我们每人买了一把小提琴，还请了专业老师，经常陪我们练琴，我们当时为不能像邻居家小朋友们一样玩耍而怨恨过，也曾想方设法逃课，幸好1977年恢复全国高考，我和弟弟才能顺利考上大学。虽然我们的小提琴随后束之高阁，但父母的良苦用心始终铭记。

父亲还是多才多艺的。"文革"期间，文艺单位的演出停止了，大学院校也停课了，父亲赋闲在家，他一度十分苦闷，人生30-40岁最好的创作年华荒废了，不是自己"不务正业"，而是被剥夺了工作。他就把精力用在家庭建设上，自己学做木工活儿，用东拼西凑和朋友赠送的木料亲手打造出式样新颖的一对沙发椅、一个大立柜和一个酒柜，弟弟帮助画图，我帮助打下手，看到父亲完成的作品，我们全家都为之骄傲。因为那时住在四合院式的大杂院，每家每户都自建厨房，父亲也自己干起了泥瓦匠，我就理所当然地成了他的小工，还学会了使用独轮车，推沙土、砖瓦和水泥等，俨然成了赛过男孩子的壮劳力，虽然这种体力劳动很辛苦，但很锻炼意志，学会了干活儿要有眼力价儿和怎样既省工又省力，当我们终于可以在自建的小厨房里做饭而不用担心风吹雨淋的时候，心里充满对多才多艺、聪明强干的父亲的感激和崇拜。

　　父亲对我和弟弟的学习抓得很紧，他虽然从没打过我们一个指头，但我们都敬畏他，很听他的话。父母从没有接送我们上小学，父亲也很少去学校参加家长会，但我们学习都很自觉，因为他经常给我们讲上小学多么不容易，让我们珍惜学习时间和条件。我和弟弟都是班里的好学生，班干部和五好、三好学生，每学年都有奖状，那时是父母最开心的时刻。（图409）我上中学后父亲开始参加电影和电视剧的拍摄，因为他的出色演技，他所扮演的角色给观众留下了深刻的印象，也使他渐渐有了名气，走在街上总是有热心观众

图409　1972·弟弟许棣和许颖小学时合影

认出他来，人们经常围拢过来跟他打招呼，这令我们不太适应。我参加高考和填写报考志愿时父亲都在外地，都是自己骑车到考场，老师帮助报考大学的。两年后弟弟也是自己去考场参加高考的，从没有让父母陪伴到考场。父亲是个称职的教师，他的学生曾经令我十分嫉妒。他虽然热爱舞台表演，塑造了众多性格各异的话剧舞台人物，但为了服从组织分配，他作为表演系优秀学生留校任教，在表演系一干就是一辈子，直到1996年退休。他把大部分时间和精力都用在培养、训练学生表演上，经常废寝忘食，妈妈不得不把午饭或晚饭送到他的课堂。特别是他作为新疆少数民族表演班的主讲教师，不仅要关心学生的学习，还要关照他们的生活，他把学生当成自己的孩子，看到学生的进步他最开心，"为人师表"，他无怨无悔。人的精力是有限的，这样必然对我们姐弟的陪伴时间就少之又少了，我真恨不得把自己换成他的学生呢。所幸的是我们都很顺利地考上大学，弟弟还被保送读研究生，这也算是我们对父母养育之恩的回报吧。

以后我们都各自成了家，有了自己的孩子，父母对孙辈更是疼爱有加，特别是父亲对孙辈的付出事无巨细，退休后更是和母亲一心一意地照顾下一代，对我们有求必应。随着年龄越来越大，他们的健康也大不如前，母亲患糖尿病多年，并发症导致高血压和心脏病、肾病，父亲也在2004年偶然发现患有严重的糖尿病、高血脂和高血压，特别是2011年又因腰椎间盘突出压迫神经不得不做了手术。就在晚年他也没有完全赋闲，只要有片约，他就欣然全身心地投入艺术创作，他参演的电影《金光大道》《车水马龙》《邻居》和《高朋满座》等给观众留下深刻印象，其中《邻居》和《高朋满座》分别获得了最佳和优秀影片奖；电视连续剧《带后院的四合院》《病房浪漫曲》《土坯屋》《老牛外传》都曾获得集体和个人最佳表演奖项，特别是在近期拍摄的《不能失去你》和《新时代警察》中所扮演的角色，更达到了演技自然和炉火纯青的程度，令观众感动得潸然泪下。

现在年近80岁的父亲很少演戏了，特别是2012年12月27日与他相濡以沫的母亲突然撒手人寰，对他的精神打击可想而知。为了整理自己的情绪，父亲开始全身心地将精力投入到撰写回忆录中，他想将自己一生的艺术创造做个总结，对学生和关心自己的影迷朋友们做个交代，也给家人和后代留个念想。我和弟弟都十分支持父亲，希望他晚年健康、充实、快乐。应父亲之邀为他的回忆录写点儿什么，我欣然从命，把自己记忆中的点滴串联起来，写下我眼中的父亲以和读者朋友们分享。

许颖

2014年3月21日于北京太阳城

后记

对我的人生和艺术生涯的回忆至此停笔了。我曾作为艺术顾问并主演了46集电视系列剧《老牛外传》，因为其费时很长，又跨年度（1994-1995年）拍摄，中央电视台科教节目部特别为我做了艺术鉴定，在此引用作为我的回忆录总结：

"许老师在剧中成功塑造了主角牛洪顺，这一幽默、诙谐、倔强、可爱的老人形象。这部戏运用了轻松幽默的喜剧语言……真实地表现了退休老人的心态以及他们积极向上的人生态度。塑造了一位具有典型性格和喜剧色彩的当代老人形象……许老师酷爱老牛这一角色，为此投入了极大的热情，以饱满的激情将老牛的喜怒哀乐淋漓尽致地表现出来。许老师在角色创作上态度严谨，精益求精、吃苦耐劳，遵守剧组的规定，每天按时到达现场对每一句台词都仔细推敲，认真背词，很快适应了同期录音。他还热心帮助其他年轻演员，表现了老演员爱岗敬业的作风。在拍摄当中许老师注重体验生活，根据剧情需要掌握了许多生活技能，不仅学会了木匠活、蹬三轮车、擒拿格斗、接传真、做小买卖，而且还学会了唱卡拉OK、扭秧歌、打鼓、画画、唱京剧，干什么像什么，真正做到了和角色融为一体。丰富了人物形象，加强了故事表现力。许老师还为如何创造短剧人物做了许多尝试，为短剧的拍摄与探索做出了贡献。"

光阴似箭，转眼间，我已近80岁高龄。回首往事，一生作为演员创造了约70个影、视、剧角色，作为中央戏剧学院表演系的一名教员，又教过不少学生。如今退而不休，还在努力为自己钟爱的影、视、剧表演事业贡献自己的余热。我的一生中，遇到过许多坎坷，但我都能应对和忍受，因为我有过苦难的童年，有过对艺术不懈的追求，有过成功的喜悦和被艺术界同行、热心观众的认同，我认为这辈子活得值了。作家傅雷曾说过这样一段话："真诚是第一把艺术的钥匙。知之为知之，不知为不知。真诚的'不懂'，比不真诚的'懂'还叫人好受些。"这话说得多好！我的一生是真诚的，无怨无悔。

此书能与读者见面实为不易，首先要感谢子女的大力支持，还要感谢亲友们的鼓励和帮助：从我的回忆录筹划和写作开始，连趣网CEO赵刚先生和夫人莫环就鼎力相助，自始至终给予关注和全面运作。毕枫民先生在酷暑、炎热的夏天为我整理剧照和图片资料，占

用了他不少的宝贵时间。享誉国内外的著名漫画家、幽默大师方成先生在 97 岁高龄为我的回忆录题写书名，方老的次子孙继红先生帮助拍照和传送。90 岁高龄的著名漫画家、"梨园客"李滨声先生专门为我画像。还有本书的版面设计马范如先生和责任编辑等，为此书的出版付出辛劳。在此谨对各位朋友表示衷心感谢！

许忠全

2015 年 3 月 29 日

著名漫画家、幽默大师方成先生题写书名

著名漫画家李滨声先生为许忠全画像

2015 年 4 月 30 日，与著名漫画家李滨声先生合影

2015 年 4 月 4 日，与连趣网 CEO 赵刚先生夫人莫环合影

图书在版编目（CIP）数据

岁月留痕：许忠全的艺术人生 / 许忠全著.—— 北京：台海出版社，2015.5

ISBN 978-7-5168-0618-0

Ⅰ.①岁… Ⅱ.①许… Ⅲ.①许忠全 – 自传 Ⅳ.

①K825.78

中国版本图书馆CIP数据核字(2015)第113467号

岁月留痕：许忠全的艺术人生

著　　者：许忠全		策　　划：连趣网	
责任编辑：王　艳		装帧设计：上尚设计	
版式设计：上尚设计		责任印制：蔡旭	

出版发行：台海出版社

地　址：北京市朝阳区劲松南路1号，　邮政编码：100021

电　话：010－64041652（发行，邮购）

传　真：010－84045799（总编室）

网　址：www.taimeng.org.cn/thcbs/default.htm

E-mail：thcbs@126.com

经　销：全国各地新华书店

印　刷：深圳市彩美印刷有限公司

本书如有破损、缺页、装订错误，请与本社联系调换

开　本：160×200　1/32

字　数：160千　　　　印　张：8.625

版　次：2015年9月1版　印　次：2015年9月1次

书　号：ISBN 978-7-5168-0618-0

定　价：58.00元